羊祜

嗨！有趣的故事

薛舟

Hi! Story

中 華 教 育

【出版說明】

在文字出現以前，知識的傳遞方式主要就是語言，靠口耳相傳的方式記錄歷史與情感表達。人類的生活經歷、生命情感也依靠著「說故事」來「記錄」。是即人們口中常說的「傳說時代」。然而文字的出現讓「故事」不僅能夠分享，還能記錄，還能更好、更廣泛地保留、積累和傳承。

《史記》「紀傳體」這個體裁的出現，讓「信史」有了依託，讓「故事」有了新的準則：文詞精鍊，詞彙豐富，語言精切淺白；豐富的思想內容，不虛美、不隱惡。選擇人物一生中最有典型意義的事件，來突出人物的性格特徵，以對事件的細節描寫烘托人物的情感表現，用符合人物身份的語言，表現人物的神情態度、愛好取捨。生動、雋永而又情味盎然。

「故事」中的人物和事件，從來就是人類的「熱門話題」。她是茶餘飯後的趣味談資，是小說家的鮮活素材，是政治學、人類學、社會學等取之無盡、用之不竭的研究依據和事實佐證。

中國歷史上下五千年，人物眾多，事件繁複，神話傳說與歷史事實並存，正史與野史交錯互映，頭緒繁多，內容龐雜，可謂浩如煙海、精彩紛呈，展現了中華文化的源遠流長與博大精深。讓「故事」的題材取之不盡，用之不竭。而其深厚的文化底蘊如何呈現，怎樣傳承，使之重光，無疑成為《嗨！有趣的故事》出版的緣起與意趣。

《嗨！有趣的故事》秉持典籍史料所承載的歷史精神，力圖反映歷史的精彩與真實。深入淺出的文字使「故事」更為生動，更為循循善誘、發人深思。

《嗨！有趣的故事》以蘊含了或高亢激昂或哀婉悲痛的歷史現場，以對古往今來無數先賢英烈的思想、事蹟和他們事業成就的鮮活呈現，於協助讀者不斷豐富歷史視域和深度思考的同時，不斷獲得人生啟迪和現實思考、並從中汲取力量，豐富精神世界，在實現自我人生價值和彰顯時代精神的大道上，毅勇精進，不斷提升。

#【導讀】

東漢末年，天下大亂，無數的英雄在這個歷史大舞臺上登臺亮相。隨著舊王朝崩潰，新帝國崛起，羊祜出生的時候，英雄時代的大幕已漸漸落下，曹丕正式稱帝，建立魏國，不久蜀漢、東吳相繼稱帝，三國鼎立局面形成。羊祜就是在這段相對平靜的時光裏長大的。

泰山郡羊氏向以詩書持家，羊祜自幼便受書香浸潤。他的母親是東漢名士蔡邕之女，嬸娘辛憲英也是名士辛毗之女，羊祜在其父外出遊宦的日子裏精進學業，為他日後身負重任打下了良好基礎。早年間，羊祜多次拒絕曹爽與司馬昭徵辟，後朝廷徵拜其為中書侍郎，復因功受封為鉅平子。司馬炎稱帝後，著手準備滅吳之事，命羊祜坐鎮襄陽，都督荊州諸軍事。羊祜的過人之處在於他能未雨綢繆，看清歷史趨勢，提前為三國歸晉做好戰略準備。他在荊州，除了屯點整軍之外，更重要的是採取懷柔政策，攻心為上，彌合三國爭霸中日漸分裂的民心，從而和東吳名將陸抗建立了深厚的戰時友誼。他知賢任能，大公無私，先後推薦了名將王濬和杜預，為後來的滅吳之戰準備了人才。

唐建中三年（七八二年），顏真卿建議追封古代六十四名將，設廟享奠，這其中就包括「征南大將軍南城侯羊祜」。北宋宣和五年（一一二三年），宋徽宗繼續為古代七十二名將設廟，羊祜同樣在列。羊祜統兵多年，沒有攻城拔寨的軍功，卻依然被譽為一代名將，深受朝廷信任和百姓愛戴，這是因為在他身上較多展現了儒將的素質。人們熱愛羊祜，懷念羊太傅，其實更是對他手握雄兵而心懷仁義之精神的尊崇。

目錄

汶水少年

羊祜還在繈褓裏的時候，泰山郡南城（今山東平邑）羊家發生了一件悲傷的事情。他的父親羊衜擔任上黨（今山西長治）太守，經年在外，家中只有母親蔡夫人操持。蔡夫人本是漢末名臣蔡邕之女，聞名天下的蔡文姬便是她的大姊。當年蔡邕遭朝廷宦官迫害，流亡於吳越、齊魯之間，頗受泰山羊氏禮遇，便將次女貞姬嫁與羊衜，生下長子羊承、女兒羊徽瑜和幼子羊祜。蔡夫人之前，羊衜已有妻室，乃是太中大夫孔融之女。無奈孔夫人命薄，生下兒子羊發不久就去世了。好在蔡夫人宅心仁厚，對待羊發視如己出。

一天，蔡夫人正在為羊祜縫棉襖，女兒徽瑜氣喘吁吁地跑了進來。

「娘，娘，不好了，不好了。」

「什麼事啊，這樣驚慌？」蔡夫人問。

「哥哥暈倒了。」

聽了徽瑜的話，蔡夫人大吃一驚，連忙叫女兒照看羊祜，自己衝出了門外。

走出大門，只見羊發和羊承橫躺在地，緊閉雙眼，口吐白沫，看起來可怕之極。蔡夫人大聲呼喊著孩子們的名字，卻是毫無反應。她只好左手抱起羊發，右手抱起羊承，艱難地跑回內室，將他們放在床上。

蔡夫人拍打著兩個孩子的臉，一會兒掐人中，一會兒翻眼皮，依然是沒有動靜。旁邊的徽瑜早已嚇呆了。

「瑜兒，快，快去請嬸娘！」蔡夫人急道。

正在發呆的徽瑜連忙衝了出去，飛快地跑到隔壁的叔父羊耽家。羊耽也是在外做官，只有夫人辛憲英在家照顧子女。辛憲英是曹魏名臣辛毗之女，家學淵源，見多識廣，不僅是遠近聞名的大才女，更是泰山羊氏的主心骨。

辛憲英走到床前，俯身察看兩個侄子，忽然間臉色大變，顫聲說道：「大嫂，這是疫病！快叫祜兒和瑜兒出去，不得靠近。」

蔡夫人登時沒了主意，倒是徽瑜機靈，抱起床上的弟弟就往外跑。

辛憲英指揮大嫂開窗通風，煎熬草藥，殷切照顧兩個孩子。蔡夫人擔心羊承，卻更關懷羊發，唯恐這個早已失去母愛的孩子有個三長兩短，所有的心思幾乎都用在了他的身上。經過一個多月的照顧，羊發逐漸好轉，羊承卻不幸夭折。

時光飛逝，當日繈褓中的羊祜幸運地躲過瘟疫，現在已經五歲了。哥哥羊發自有天地，小羊祜便整天追隨著姊姊徽瑜，像影子似的不離左右。羊徽瑜已經長成了亭亭玉立、嫻雅文靜的少女，每日手不釋卷，早已將《論語》、《詩經》、《列女傳》等書讀得滾瓜爛熟。每每遇到不懂之處，她便跑去請教嬸娘，辛夫人自己飽讀詩書，格外喜歡這個乖巧伶俐的侄女。

辛夫人很願意跟孩子們講述以前的故事，有一次辛夫人在講到袁、曹官渡大戰時，小羊祜脫口而出道：「我就知道袁紹肯定會失敗。」

辛夫人聽了心中一動，拉過小羊祜，和顏悅色地問道：「祜兒，你是怎麼知道的呢？」

「嬸娘不是說了嗎？袁紹有那麼多謀士，那麼多戰將，可是都跑了啊。他不得人心。」

「不得人心？！」

辛夫人震驚於小侄子的話，萬萬沒想到這個黃口小兒竟然這麼有想法，她輕輕撫摸著羊祜的頭髮，感慨地說：「祜兒說得很對啊。孟子也說：『得道者多助，失道者寡助。』正是這個意思。」

聽到嬸娘誇獎自己，羊祜興奮不已，蹦蹦跳跳地出去玩了。

陽春三月，草長鶯飛，汶水兩岸草木蔥蘢，自然就成了孩童們的樂園。羊祜也不例外，每當玩得興起，若非姊姊來扭耳朵絕不肯回家。不過別的孩子都是瞎玩，羊祜卻總能看出門道。

「姊姊，我要考妳的古詩。」有一次，羊祜挑釁似的對姊姊說。

「呦，祜兒長本事了？」羊徽瑜笑道。

「青青園中葵，朝露待日晞。」背完兩句，羊祜故意停下來，抬頭望著姊姊。

「《樂府・長歌行》，這個難不倒我。」說著，羊徽瑜接著背誦起來：「陽春布德澤，萬物生光輝。常恐秋節至，焜黃華葉衰。百川東到海，何時復西歸……」

「停！」

羊祜忽地跳到姊姊面前，伸手指著面前的汶水，疑惑地問道：「姊姊，詩裏都說『百川東到海，何時復西歸』，那總歸沒錯吧？」

「當然。」羊徽瑜不知道弟弟的葫蘆裏賣的是什麼藥。

「你再看汶水是往哪兒流啊？」羊祜說。

聽了弟弟的話，羊徽瑜也停下腳步，仔細端詳著面前這條熟悉得不能再熟悉的河流，原來從未覺得異樣，這時忽然也覺得奇怪了。

「是啊，汶河怎麼不往東流，反倒往西流呢？」羊徽瑜喃喃自語道。

「哎，姊姊，我問妳呢。」羊祜調皮地說道。

「這我還真的不知道，回去問問嬸娘吧。」羊徽瑜答道。

這樣的故事，別說姊姊不知道，母親蔡夫人也不甚了然，還是精通掌故和風土人情的嬸娘知道得多。當地傳說汶水裏住著河神小青龍，小青龍照拂沿岸百姓，總是波瀾不興，靜靜地流淌。不過，汶水向西流，不肯到東海，這可氣壞了東海龍王。他叫來小青龍，狠狠地訓斥，命令他馬上將汶水掉頭。面對威勢赫赫的東海龍王，小青龍怎麼敢不答應呢？就說回去改正。龍王見小青龍答應得不痛快，有點不放心，派三公主去督促。

龍女三公主來到汶水邊，看到小青龍根本沒有動靜，就大聲質問他為什麼不服從龍王的命令。小青龍誠懇地說：「三公主啊，妳看這汶水兩岸都是肥沃的農田，養育了無數的善良百姓，如果河流驟然改道，洪水氾濫，那將淹沒多少良田，導致多少人無家可歸啊！」

三公主覺得小青龍說得很有道理，自己也不忍心毀壞兩岸的農田，於是飛回東海，向龍王求情。誰知龍王根本聽不進去，只覺得自己沒面子，要求小青龍三天之內必須改變河道，否則要給予嚴厲懲罰。三公主見父王如此不講道理也很生氣，乾脆不辭而別，飛回汶水，和小青龍並肩作戰。

天上三天，人間三年，這三年裏，汶水兩岸風調雨順，糧食豐收，人們的生活更加富裕。龍王可是真的生氣了，連降暴雨，導致洪水氾濫。不過因為三公主和小青龍的堅守，並沒有造成多大的災難，日子長了，東海龍王也就把這件事淡忘了。當地百姓感激三公主，湊錢在河邊建起三娘廟，每年都獻上豐盛的祭品。

聽了嬸娘的故事，羊祜既感動又好奇，下定決心要找到三娘廟。他按照嬸娘說的地點去尋找，走了很遠都不見蹤跡，正在焦急的時候，羊祜看到河邊柳樹下坐著個白鬍子老人，便三步並作兩步地走上前去，深施一禮，禮貌地問道：「老人家，我想去看三娘廟，您能告訴我怎麼走嗎？」

「哦……」

老人轉過身來，捋著雪白的鬍鬚，細細打量面前的少年。羊祜看著老人的眼睛，和藹可親又炯炯有神，忽然感覺有些不自在，羞澀地低下頭。

「哈哈哈哈！」看著羞澀的羊祜，老人發出了爽朗的笑聲，接著說道：「這是誰家的兒郎，面相真是不差，將來你一定會為國建立大功！」

羊祜對老人的話不明所以，過了半晌才囁嚅著說道：「老人家，三娘廟……」

「日升月沉，滄海桑田。人間興替，何論神仙。」說完這幾句話，老人飄然而去，留下羊祜站在原地，呆愣了半天。

汶水悠悠，少年成長，彷彿只要汶水不東流，便帶不走少年的歡樂。但不料十三歲那年，父親羊衜猝然去世，這給了羊祜當頭一棒。他在叔父和兄長的帶領下，為父親舉行了隆重的葬禮，心中的哀痛卻總也揮之不去。樹欲靜而風不止，子欲養而親不待，這是無法彌補的哀傷。

從那以後，羊祜收斂心性，終日與書為伴，很快便背熟了《詩經》、《左傳》、《周易》。除了讀書，他也知道為母親分擔家務，姊姊徽瑜也學會了女紅，日夜紡織，幫著貼補家用。

羊祜最喜歡聽嬸娘講述魏、蜀、吳爭戰的故事。其實早在他出生的前一年，曹丕已經逼迫漢獻帝禪位，綿延四百餘年的大漢帝國宣告終結。次年，劉備在成都稱帝，國號仍然為「漢」，殊不知無論國力和兵力，皆不如曹魏和孫吳。羊祜九歲那年（曹魏太和三年；二二九年），孫權在武昌稱帝，後遷都建業（今江蘇南京），三國鼎立的局面正式形成。

羊祜愛聽，辛憲英愛講，活生生的三國故事就在書房、井欄和樹下不斷上演。十常侍之亂、群雄討董卓、官渡大戰、火燒赤壁的故事深深地吸引著羊祜幼小的心靈。雖然身為曹魏臣民，但羊祜最崇拜的人卻是劉備的軍師諸葛亮。

「說起來啊，諸葛亮的身世還不如你呢。他四歲喪母，八歲喪父，像你這麼大的時候便跟著叔父離開家鄉琅琊陽都到了荊州，過起了自食其力的生活，直到二十七歲才遇到劉備。」

「親賢臣，遠小人，此先漢所以興隆也；親小人，遠賢臣，此後漢所以傾頹也。」

微風吹來，一片樹葉落在腳邊，羊祜俯身拾起，一邊觀察，一邊隨口吟誦出嬸娘為他抄錄的諸葛亮〈出師表〉裏的句子。

父親去世後的第二年，驚人的消息次第傳來，攪擾著少年羊祜的心。這年夏天，瘟疫大肆流行，舉國人心惶惶。

四月，曾經的漢獻帝，如今的山陽公安然謝世於山陽城，享年五十四歲。漢獻帝九歲那年被董卓脅迫為帝，一生都在權臣的威脅之下過活，全然沒有體會到帝王的尊貴，甚至連伏皇后被害都不能救。退位之後，優遊林泉，總算過了幾年平靜的日子。

半年之後，嬸娘又告訴羊祜，諸葛亮在五丈原去世。

「啊！」聽到這個消息，羊祜驚訝地瞪大了眼睛，半天合不攏嘴。

「祜兒，你知道嗎？山陽公和諸葛亮是同年出生，同年謝世，這真是冥冥之中自有安排啊！」

諸葛亮的去世讓三國力量失去了平衡，曹魏沒有了來自蜀漢的壓力，曾在西北戰場與諸葛亮緊張對峙的大將軍司馬懿升任太尉，負責大修洛陽宮，新建昭陽殿和太極殿。也是在這個時候，司馬懿之子司馬師卻做出了非同尋常的舉動，竟然意外地牽扯到了千里之外的泰安羊家。

原來，司馬師娶的是夏侯尚之女夏侯徽，兩人生育了五個女兒。夏侯尚本是曹操手下大將夏侯淵的侄子，司馬家攀附曹氏的目的十分明顯。夏侯徽自幼飽讀詩書，很有見識，每當司馬師遇到難題，她都能從旁襄助。但隨著司馬家族地位上升，兩人的矛盾卻愈來愈深，夏侯徽似乎愈發察覺到了司馬家族的異心，言語之間難免有所表露，自然引起司馬師的猜忌，最後痛下殺手。

司馬師毒死夏侯徽之後，迎娶名臣吳質之女，不久又廢黜了。也不知道是誰的建議，司馬師準備迎娶泰山羊氏的羊徽瑜！

羊徽瑜已經二十一歲，按說也過了婚配的年齡，只是羊祜從小受到姊姊的教誨和疼愛，臨到分別之際，自然有萬般不捨。

這年冬天，大雪紛紛揚揚，汶水結了厚厚的堅冰。大雪持續多日，天寒地凍，原本瘋狂蔓延的疫病也終於消停下來。這一年幾乎家家都有病人，家家都有人去世，望著紛飛的瑞雪，人們都舒了口氣，但盼瑞雪兆豐年。

姊姊的馬車在雪地裏碾出深深的轍印，漸漸地駛出街頭，駛向洛陽。

「姊姊！姊姊！」羊祜拉著姊姊的手，依依不捨。馬車愈來愈快，羊祜開始奔跑。

「姊姊在洛陽等你！」

風雲突起

姊姊走後的春節是如此冷清，這冷清讓羊祜深感不適。姊姊臨走時的話語，猶如石子投進他的心海。

「洛陽，我要去洛陽！我要有所作為！」羊祜在心裏呼喊。

要去洛陽，最好的途徑便是太學。

諸葛亮的威脅消失之後，魏明帝在洛陽大興土木，耽於享樂，同時也廣興太學，設置崇文觀，安置飽學之士。天下英才聞風而至，一時間洛陽名士雲集。

羊祜旦暮苦讀，焚膏繼晷，再加上嬸娘從旁點撥，他對漢末以來的時局也更了然於胸，時常拿《史記》和《漢書》上的故事來對照現實，漸漸變得智勇深沉，目光如炬。

父親去世和姊姊出嫁讓羊祜更加懂事了，讀書之餘總是盡力幫母親處理家事，減輕母親的負擔。他對待叔父羊耽恭恭敬敬，盡心竭力，羊家子侄眾多，羊耽卻唯獨喜歡羊祜這個小侄子，總是關心他的成長，考問他的學業。

有一次，羊祜過來問安，等他轉身走出門口，羊耽手撚鬍鬚，欣慰地對辛夫人說道：「有此佳兒，兄長也能含笑九泉了。」

「誰說不是呢，祜兒必能光大羊氏門楣！」辛夫人說道。

漸漸地，羊祜長成了身長七尺三寸的美男子，濃眉俊眼，顧盼之間神采飛揚。他滿腹才學，深諳歷史，談起時務來也有獨到的觀點。郡上的讀書人無不傾慕他的才學和風度，前來拜訪的人絡繹不絕。

泰山郡新上任的將軍名叫夏侯威，是名將夏侯淵的第四子，自幼風流倜儻，舉手投足間頗有俠義風範。他很早就和曹丕、曹植交遊，與兄長夏侯霸並立而為曹魏政壇的明星。這次赴任來泰山郡，夏侯威聽說羊祜的聲名後大感好奇，他自恃有識人、鑑人的本領，無論什麼人，只要打個照面，淺談三言兩語，便能斷定此人是否有真才實學。於是夏侯威派郡吏請來羊祜，一見之下，即覺他談吐不凡，斷定將來必成大器。

送走羊祜，夏侯威猶自興奮不已，尤其是他聽說羊祜尚未婚娶，更加按捺不住內心的激動，只恨自己沒有女兒，否則便要當場訂婚了。一番思量，夏侯威連忙寫信給兄長夏侯霸和嫂夫人，極力誇讚羊祜的學問人品，力主將侄女嫁給羊祜。

夏侯霸常年駐守在外，家中事很少過問，既然是兄弟看好的人，當然沒有推辭的道理。就這樣，羊祜迎娶了夏侯夫人，與當朝最有權勢的豪門結親。而夏侯夫人也不愧出自名門望族，知書達理，婚後侍奉婆婆，盡心盡力，讓羊祜得以專心讀書，朝夕盼望進入太學。

不久，叔父羊耽官拜太常，舉家遷往洛陽。太常位居九卿之首，除掌管祭祀禮儀外，還要負責考核、舉薦博士（魏晉時期官學教師稱博士）和博士子弟，於是寫信召羊祜前來。然而此時蔡夫人正臥病在床，羊祜百般不捨。夏侯夫人看在眼裏，竭力勸說夫君不要以家事為念，儘快赴京就學，等將來出人頭地，再回鄉迎接母親和夫人也不遲。

於是羊祜終於下定決心前往洛陽，路過野王（今河南沁陽）時，羊祜得知太原人郭奕為此處縣令，特意繞道拜訪，沒想到名士山濤也在。

山濤是河內郡懷縣人，酷愛老莊之學，卓爾不群，朝廷屢次徵召，他都不肯出來做官，寧願隱居在鄉間，結交志趣相投之人。野王山水形勝，環境清雅，山濤經常帶著好友嵇康、呂安、阮籍來此遊玩。

看到羊祜，郭奕大為欣喜，山濤也將他看作了忘年交。三個人對酒當歌，連床夜話，暢敘古今，這讓年輕的羊祜大開眼界，想不到讀書之外還有如此廣闊的天地，深深感覺不虛此行。

「你們知道石鑑吧？」

明月當空，清風徐來，羊祜以手支頤，已經昏昏沉沉了，忽然聽到山濤的問話，連忙坐起。

「有一次啊，石鑑來看我，我們遊山玩水，夜裏也是這樣連床共宿。那天夜裏也不知道為什麼，我很久都沒睡著，卻聽見石鑑鼾聲如雷。我愈聽愈惱火，乾脆起來，踢了他一腳。」

「啊！」

看起來嘻嘻哈哈的山濤竟然還有這樣的脾氣，羊祜和郭奕都很驚訝，等著他把話說完。

「『怎麼，天亮了？』石鑑被我踢醒了，還以為叫他起床呢，哈哈哈。」笑完之後，山濤繼續說道：「我對石鑑說，如今是什麼時候了，你竟然還睡得這麼香！石鑑不明所以，稀里糊塗地問我：『對啊，這是什麼時候？』我說：『太傅司馬懿稱病在家，你可知道是什麼用意？』」

聽到這裏，羊祜更加清醒了。曹爽獨攬大權，司馬懿稱病在家，這是朝野共知的事，難道還有什麼異常嗎？

「聽了我的話，石鑑大不以為然，他說宰相不上朝，乾脆下道詔書，讓他回家就是了，你何必操心！」

聽了山濤轉述的石鑑的話，羊祜和郭奕都笑了。

「我就對他說，石生啊石生，你還是不要在馬蹄間奔走吧！說完之後，我也倒頭睡了，哈哈哈。」

「你還是不要在馬蹄間奔走吧。」

山濤也真的睡了，羊祜卻再也睡不著，反覆在心裏揣摩這句話。

天亮之後，羊祜向依然在睡夢中的山濤告別，準備趕赴洛陽。郭奕戀戀不捨，執意要為他送行。兩人邊走邊聊，愈送愈遠，天黑之後便找個鄉村茅屋下榻，天亮繼續前行，像兩個結伴遠遊的人。

「郭公請留步，此處恐怕早已出野王界了。」羊祜說。

「哈哈，我眼中只有羊叔子，不知縣境在哪裏了。」郭奕答道。

羊祜苦勸郭奕止步，郭奕就是不肯，直到三天之後，兩人已經離開野王數百里，這才灑淚而別。

此時山濤早就等急了，還以為出了什麼意外。

「送客要這麼多天嗎？」山濤問。

「唉，真是當今之顏淵啊！」郭奕遙望著羊祜離去的方向，慢悠悠地說道。

不久後，朝廷詔書下到野王，郭奕因為擅自出境而被罷職，他也乾脆落得清閒，跑去找山濤、呂安玩了。

進入太學後，羊祜更加刻苦學習，他雖然也想念母親和夫人，好在姊姊和嬸娘都在洛陽，時常可以見面，倒也減輕了不少思鄉之苦。身在京城，朝局近在眼前，羊祜看得更加清楚了。

自從魏明帝去世，年僅八歲的皇太子曹芳繼位，按照明帝的遺詔，大將軍曹爽和太尉司馬懿共同輔政。曹爽憑藉宗親身分排擠司馬懿，重用何晏、鄧颺、李勝等親信，故意晉升司馬懿為太傅，實則是剝奪他的實權。

曹爽為收買人心，大肆徵用年輕人才，羊祜和王沈等人也在列。王沈是晉陽人，少年時便沒了父母，被叔父王昶收養。王沈侍奉繼母和寡嫂非常孝順，又愛讀書，和羊祜有許多相似之處，兩人也很聊得來，此次得到朝廷詔令，特意來找羊祜商量。不過，王沈表面上是商量，其實是勸羊祜一起就徵，但羊祜卻想起了山濤說過的笑話，於是沉吟道：「現在就要去替別人辦事，恐怕不是那麼簡單的事。」然王沈畢竟抵擋不住誘惑，樂顛顛地跑去投靠了曹爽，很快便升任中書門下侍郎，可謂春風得意。

當時司馬懿被曹爽架空後稱病回家，不再過問朝政。起初曹爽不放心，趁著河南尹李勝將到荊州赴任的機會，派他去向司馬懿辭行，順便探探病情。

聽說李勝來訪，「重病在身」的司馬懿讓兩個婢女攙扶著出來見客，拿衣服的時候衣服落地。接著他又用手指了指自己的口，表示口渴，婢女送來了粥，司馬懿卻端不動粥碗，只是張嘴去喝，粥都流出來，沾滿了鬍子。

看到司馬懿狼狽不堪的樣子，李勝故作傷心地說道：「我馬上要去荊州赴任了，臨行前拜見明公，原以為明公只是風疾復發，沒想到貴體竟病成這樣了！」

「哦，你馬上要去守并州了？并州可是靠近胡人的地盤啊，你應當妥善戒備。老朽已經是將死之人，恐怕不能見面了，將來還請照料我的兒子司馬師和司馬昭啊。」司馬懿有氣無力地說完這些話之後，喘息了好半天。

「太傅啊，我說的是荊州，不是并州。」李勝察言觀色，感覺司馬懿不像裝病。

「我年邁頭昏，聽不清你說什麼。既然要去并州，那就好好為朝廷建功吧。」司馬懿好像根本沒有聽清李勝說的是什麼，始終把荊州當成并州。

看到這裏，李勝終於放心地告辭出來，回來稟報曹爽說：「司馬公臥床不起，形神分離，只剩一口殘餘的氣息，幾乎就是行屍走肉了，根本不值得憂慮。」

聽了李勝的報告，曹爽徹底放心了。

正始十年（二四九年）正月初六，曹芳前去祭拜魏明帝之墓高平陵，曹爽兄弟和親信們都隨同前往。不料謁陵的隊伍剛剛出城，司馬懿立刻以郭太后的名義下令關閉城門，佔據武庫，派兵據守洛水的浮橋，同時以司徒高柔代理大將軍職事，佔據曹爽營地，太僕王觀代理中領軍，佔據曹羲營地。

司馬懿並不想謀反，而是做出「清君側」的姿態，派人向曹芳傳書，數說曹爽的罪惡：「我從遼東回來時，先帝詔令陛下（曹芳）、秦王（曹詢）和我到床前，拉著我的手臂，囑託後事。我說：『太祖、高祖也曾把後事託付給我，這些都是陛下親眼所見，沒有什麼可憂慮的。萬一出現不如意的事，我也會誓死執行您的詔令。』如今大將軍曹爽背棄先帝遺命，敗壞國家制度，在內超越本份自比君主，在朝則專橫拔扈，獨攬大權，重要官職都安置了他的親信，皇宮的值宿衛士也都換上他自己的人。曹爽又派宦官擔任都監，探查陛下的情況，挑撥陛下和太后的關係，傷害骨肉之情。天下動盪不安，人人心懷畏懼，這絕非先帝本意。我雖老朽不堪，怎敢忘記以前說過的話？太尉蔣濟等人也都認為曹爽有篡位之心，他們兄弟不宜擔任皇家侍衛。我將這些意見上奏皇太后，皇太后命令我按照奏章所言施行。我已擅自作主，免去曹爽、曹羲、曹訓的官職，勒令他們交出兵權，立刻返家，不得延遲陛下的車駕。若敢延遲車駕，便以軍法處置。」

「高平陵之變」發生後，洛陽城裏人心惶惶，家家關門閉戶，唯恐惹上麻煩。羊祜也匆匆趕到叔父家，聆聽孀娘的教誨，恰好辛夫人的弟弟辛敞也來了。

「姊姊，大司農桓範出城去了，大將軍司馬（官職名）魯芝約我去支援大將軍，我現在還是大將軍的參軍啊，我是去還是不去？」辛敞焦急地問道。

「叔子（羊祜字叔子），你說呢？」辛夫人轉過頭來，故意問羊祜。

「依我看，大將軍必敗無疑。不過阿舅身為參軍，職份所在，還是應該去的。」羊祜沉吟片刻，說道。

辛敞大吃一驚，不敢相信羊祜的話，疑惑地看著辛夫人。

「叔子說得不錯。」辛夫人說道：「大將軍只知道攬權，豈不知權勢大了也燙手，他哪裏是太傅的對手啊。」

「既然是這樣，那我離城而去，豈不是送死嗎？」辛敞說道。

「職守是大義所在，別人有難，我們尚能體察憐恤，你身為大將軍參軍，棄職不顧，那可是不祥之事。至於為人而死，那是親信的職份，你不是大將軍的心腹親信，只是出於責任而已。」

聽了分析，辛敞告別姊姊和羊祜，急忙隨魯芝出城。

司馬懿老謀深算，連諸葛亮都拿他沒辦法，曹爽又哪裏是他的對手。面對突如其來的變故，曹爽登時沒了主意，不納桓範南下許昌，再圖發展的策略，竟然相信司馬懿永保富貴的承諾，乖乖地進城投降。

司馬懿一不做、二不休，果斷誅滅曹爽集團，不過他並沒有擴大迫害範圍，放過了辛敞等人。王沈、裴秀等曹爽故吏只是被免職，其未再行加罪。沒過幾日，王沈找到羊祜，感慨不已地說道：「我總算體會到你那句話的意思了。」

「唉，這也是我始料不及的啊。」羊祜謙遜地說道。

故地重回

羊祜的岳父夏侯霸任右將軍、征蜀護軍，受征西將軍節制。不料高平陵之變後，征西將軍夏侯玄被調入朝，改由雍州刺史郭淮接任。

這個微妙的人事變動讓夏侯霸很是不安。夏侯玄是夏侯霸的堂侄，也是曹爽倚重的大臣，這意味著司馬家族不僅要清理朝堂，更要收繳兵權。而夏侯霸與郭淮不和，如今受制於人，難免左右掣肘。

思來想去，夏侯霸決定投奔蜀漢，因為他想到了自己的堂妹。當年夏侯霸堂妹外出砍柴時偶遇蜀漢名將張飛，張飛娶其為妻，後來生了兩個女兒，都被後主劉禪納為皇后，地位甚是尊崇。想到此處，夏侯霸下定了決心，他一面派出親信，送信給蜀漢大將姜維，一面率領親隨星夜出奔。

夏侯霸降蜀的消息傳到洛陽，猶如巨石投進平靜的池塘，立刻激起軒然大波。朝臣們紛紛主張，將夏侯霸留在都城的親族滅門，以儆效尤。然而司馬懿並未深究此事，大概是考慮到夏侯淵的功勳，夏侯霸的母親丁氏又是魏武帝曹操原配丁夫人的胞妹，只是將夏侯霸的兒子貶到偏遠的樂浪郡（今朝鮮平壤）。

然而無論如何，權力的天平已經絕對地傾向司馬氏，夏侯氏在洛陽的地位大不如前。從前人來人往，門庭若市，絡繹不絕，如今真可謂是門可羅雀了。這個時候，羊祜卻對夏侯氏格外殷勤，親自將夏侯夫人送去陪伴母親，自己也經常往夏侯府上跑，給予力所能及的幫助。不僅夏侯夫人感激涕零，岳母丁夫人也慨歎羊祜的仁厚。

司馬懿去世後，司馬師繼承了司馬家族的全部權力。他沉著堅強，雄才大略，做起事來往往心狠手辣，毫不留情。

魏帝曹芳感受到來自司馬師的壓迫，常常心懷不安，於是暗中聯絡夏侯玄、李豐等人，試圖發動政變，廢除司馬師。消息洩露後，司馬師先下手為強，果斷殺害李豐、夏侯玄等人，並且廢曹芳為齊王，另立高貴鄉公曹髦為帝。

司馬師擅行廢立激起名將毌丘儉的強烈不滿，毌丘儉早年深受魏明帝知遇之恩，加之和夏侯玄、李豐等人關係要好，兩人被害令他深感憤怒不安，總感覺司馬師早晚會對自己下手。

正元二年（二五五年）正月，毌丘儉、文欽宣稱得到郭太后手詔，舉兵討伐司馬師。司馬師抱病親征，採取消耗戰，圍而不打，使得毌丘儉軍心渙散，不戰而敗。而文欽之子文鴦為報父仇，率兵偷襲，司馬師因而受驚過度，致使本有瘤疾的眼睛震出眼眶，不久便疼痛而死。

王旗變換之際，羊祜卻遠在家鄉，躲開了是非，躲開了血腥。蔡夫人不幸病逝，羊祜急忙趕回泰山郡奔喪，誰知母喪未竟，兄長羊發又因哀痛過度，撒手人寰。悲痛次第而來，幾乎讓羊祜無力招架，處理完母親和兄長的喪事，羊祜感覺自己忽然間老了許多。

夏日的夜晚，羊祜獨自坐在院子裏乘涼，不遠處的池塘傳來陣陣蛙鳴，喚起少時的記憶。回頭看看窗戶，蠟燭已滅，夫人和女兒都睡著了，羊祜索性走出院子，踩著月光信步徐行。他的耳邊時常響起姊姊所說的話，母親、姊姊、嬸娘都在的日子多麼平靜幸福，如今只能在回憶裏找尋了。想到這裏，羊祜輕輕地搖了搖頭。

有時燈下枯坐，暗暗思量朝局，羊祜發現自從高平陵政變之後，曹魏皇權日漸衰微，司馬氏的權勢已是無可阻擋。

天道輪迴！

這四個字突然跳出唇齒間，猶如閃電照亮羊祜的腦海。想想曹氏家族奪取劉氏的江山社稷，再到今天司馬氏奪取曹魏的宗廟，歷史軌跡真是如出一轍。曹魏？還是司馬？身處其間，真是兩難。若說當初曹丕逼迫漢獻帝禪位不對，那麼這個國家本身就得來不正啊，何必保它？若說曹丕做得對，那麼有人模仿曹丕加冕不也是對的嗎？唉，真是不可說，也不可想啊。

近日閒來無事，羊祜便經常帶著女兒來到汶水邊玩耍，為她講小青龍和三公主的故事。一天午後，羊祜正陪著女兒捕蟬，忽然迎面走來一個拄著拐杖的長者。看見歡樂的父女二人，那長者立定腳步，怔怔地觀望。羊祜發現了老人，禮貌地揮手致意。

這時老人快步走上前來，上上下下打量著羊祜。羊祜有些不明所以，問道：「敢問老丈從何而來，可是本地人氏？」

「哈哈，你不用問我從哪裏來，我只問你可是羊叔子？」老人好像認識羊祜的樣子。

「晚生正是羊祜。」羊祜恭恭敬敬地答道。

「我剛從那邊過來。」說著，老人轉身指了指東北角，羊祜家的祖墳就在那裏。

看著老人欲言又止的樣子，羊祜知道他還有話要說，於是支開女兒，平靜地看著老人。

「恰好路過，順道看了看你家的祖墳。我發現羊氏祖墳上紫氣縈繞，那可是帝王之氣啊。」老人鄭重地說道。

「老丈慎言，這可是大逆不道啊！」聽了老人的話，羊祜輕輕地上前兩步，壓低了嗓門說道。

「氣無定居，唯有德者居之。我只說我之所見，又沒教你如何為之，哪裏就是大逆不道了。」老人顯然是見過世面之人，氣定神閒，根本不容置疑。

「那……敢問老丈，如何破解？」羊祜問道。

「破解？你是說破了這帝王之氣？」老人大惑不解。

「正是！」羊祜斬釘截鐵地說道。

「那還不容易，只消鑿個口子，氣自然就消解了。」說到這裏，老人捋了捋鬍鬚，定定地看著羊祜，繼續說道：「不過……」

「老丈但請直言！」老人似乎有什麼顧慮，羊祜催促道。

「只是此氣斷了，羊家的子嗣也就絕了。」說完這句話，老人飄然而去，留下羊祜呆呆地站在那裏，半天沒能挪動腳步，直到女兒過來拉起他的手。

回家之後，羊祜將女兒交給夫人，自己抄起一把鐵鍬就衝了出去。他來到祖墳前，恭恭敬敬地磕了三個頭，然後拿起鐵鍬，掘了個大大的洞口。

正在這時，身後忽然傳來那個老者的聲音：「羊叔子有德，猶能為折臂三公！」循聲望去，羊祜只看見老人的背影漸漸遠去，他想追上去問個究竟，卻已然來不及了。放下鐵鍬，羊祜坐在墳前，心裏揣摩著老人的話，「猶能為折臂三公」，真是想不透什麼意思。

「唉！」羊祜輕輕地歎了口氣，抬頭看向河邊。夕陽西沉，晚霞滿天，餘暉落在河面，映出血紅色的波紋。

司馬懿和司馬師相繼去世，朝政大權由司馬懿次子司馬昭執掌。司馬昭早已聽說羊祜的名聲，於是派人徵辟。

當郡上送來詔書時，羊祜猶豫不決。時光如白駒過隙，匆匆間羊祜已到中年，如果再不出仕，那自幼讀聖賢書所為何事？可是朝局緊張，司馬氏篡權的腳步愈來愈緊，這個時候進去，那不是往火坑裏跳嗎？

羊祜夫人對司馬氏切齒痛恨，她的父親被逼降蜀，堂兄被害，夷滅三族，曾經炙手可熱的夏侯家族如今滿目凋零。羊祜想到若是自己再去投奔司馬昭，無論如何也說不過去，再說司馬昭能以真心相待嗎？既然拿不定主意，羊祜便寫信給洛陽的嬸娘，聽聽她的看法。辛夫人的回信很簡單，只有四個字：路人皆知。

羊祜看完，心下了然，他知道嬸娘的未盡之言是「司馬昭之心，路人皆知」。這句話已經傳到了泰山郡，真的是路人皆知了。現在洛陽上空烏雲密佈，許多地方都在傳說河裏打撈出寶鼎，隱約刻著類似「馬」的銘文；有的地方傳說枯井裏飛出了黃龍，黃龍擺尾，直衝九霄，那自然是「飛龍在天，利見大人」。可是世上哪有什麼龍？偏偏趕在這個時候頻頻出現，明顯是有人散佈流言造勢。

羊祜剛以母喪在身為由，謝絕了司馬昭的徵辟，誰知朝廷的詔書又來，拜羊祜為中書侍郎。既然這是皇上的意思，羊祜便不能再拒絕，於是帶上妻女，趕往洛陽。

甘露之變

新帝曹髦愛好風雅，除了詩賦之外還酷愛繪畫。他經常召集文臣在太極東堂講經，稱王沈為「文籍先生」，裴秀為「儒林文人」，其他如司馬望、鍾會等人也都經常陪侍，各有雅號。

羊祜偶爾在座，透過舉手投足觀察皇上，深切地感覺到當今皇上既有才華，又有膽識，只是性情有些急躁，愈是著急做事，恐怕愈是容易壞事。

如果皇上突然想起什麼事，想見什麼人，便會馬上派人去傳喚。裴秀任散騎常侍，鍾會任黃門侍郎，奉侍宮廷，自然是隨叫隨到，司馬望是外官，匆匆趕來時皇上已經沒了興致。於是皇上專門賞賜司馬望一輛追鋒車，外加五名虎賁士兵，確保隨傳隨到。

皇上對羊祜也是青眼有加，聽說他被郭奕譽為「當今顏子」，有一天特意將羊祜叫來宮中，問他對孔門高徒顏回的看法。

「臣以為孔門弟子三千，賢者七十二，最有可能繼承孔子之學的便是顏回。此事孔子知道，其他弟子也知道，只是顏回不自知罷了。不知陛下以為當否？」

羊祜說完，皇上忍不住拍手喝采，連聲說好。

「朕問過許多大臣，不過很少有人能說得像你這麼透徹。很好，很對朕的心思，這是朕剛剛寫的〈顏子論〉，你看看吧。」

羊祜恭恭敬敬地接過皇上遞來的文章，輕聲誦讀道：「心不違仁，行無二過，用行舍藏，與同進退，聽承聖言，罔有不喻，敘之於《易》，以章殊異，死則悲慟，謂『天喪己』。所以殷勤至於此者，聖人嘉美良才之效也。設使天假之年，後孔子沒，焉知其不光明聖道，闡揚師業，有卓爾之美乎？百慮之所得，愚者有焉。願後之君子，詳覽之焉爾。」

「陛下宏論，臣當銘記。」羊祜說道。

「羊祜，自明日起，你不用做中書侍郎了，改任黃門侍郎吧。」

皇上心裏高興，當即升了羊祜的官。

一次經筵，皇上問群臣對夏朝中興之君少康和漢高祖劉邦的看法，非要說出孰優孰劣。「夏朝本來已經衰敗，少康聚集散落的大臣，重新光復了大禹的功績。漢高祖來自田間，卻能驅使天下豪傑，消滅了秦朝和項羽，建立大漢。兩位君主都是雄才大略之人，不過功德總有高下，誰應該排在前面呢？」

聽了皇上的問話，大臣們面面相覷，不知道應該如何回答。少康中興和滅秦立漢都是了不起的壯舉，哪有高下之分？

正在這時，只聽荀顗率先說道：「少康功德美好，不過他仍是中興之君，可以和後漢的光武帝相提並論。想那漢高祖起於草澤之間，卻能在數年之內開創大業，臣認為相較而言，漢高祖優於少康。」

皇上的目光在群臣之中掃視一圈，最後落在羊祜身上。羊祜正在低頭思考，忽然意識到皇上在看自己，連忙抬起頭來，謹慎地說道：「臣也是這樣認為。」

皇上點了點頭，卻又像是不太滿意。

「少康出生於國家滅亡之後，他的身分早已降為奴隸，四處逃難也僅僅是保全自己，後來他能佈施仁德，成功恢復了大禹的功業，如果不是極大的美德仁義，怎能建立這樣的功勳？至於漢高祖嘛，他是趁著秦朝土崩瓦解之勢，倚仗權術，憑藉智謀和武力來成就功業，許多舉動都違反了聖人的法度。作為人子，他多次讓父親深陷危難；作為君主，他卻囚禁了賢明的宰相；作為父親，他又忍心在亂軍之中拋棄女兒，更不能保護好兒子。異地而處，他未必能如少康那樣復興大禹的功業。朕認為少康為高，劉邦為下。」

聽到這裏，羊祜徹底明白了當今皇上的心思。別看他年紀不大，志向卻很高邁，那是要做少康那樣的中興之主啊。少康復興大禹的功業，今上要恢復什麼，自然是魏武帝曹操那樣的霸業了。

崔贊、鍾毓等幾個人還在堅持漢高祖優於少康，而荀顗、袁亮等人也聽出了皇上的弦外之音，紛紛附和。中書令虞松說道：「陛下以古為鑑，貫古通今，又以善言讚揚少康，令其光彩閃耀於千秋史冊。臣等應該記下陛下的話，永遠垂範後人。」

經筵結束後，大臣們邊走邊談，讚揚皇上的英明卓識。

「陛下的才華足以媲美於陳思王（曹植），武德之盛足以比肩於太祖（曹操）！」

鍾會邊說邊走，很快就把眾人拋在了後面。羊祜默默地注視著鍾會遠去的背影，陷入沉思：他會去司馬府嗎？他會把自己的觀念報告給司馬昭嗎？

時間過得飛快，轉眼到了甘露五年（二六〇年）。這年正月初一，人們都忙著走親訪友，慶賀新年，洛陽城裏洋溢著歡樂的節慶氣氛。大雪初霽，街上積雪尚未清掃乾淨，天地間純白無瑕。但說來也是奇怪，這天剛到正午時分，原本響晴的天空愈來愈暗，太陽逐漸變黑，最後竟然消失不見了。

「天狗吃太陽了！」

「要有血光之災！」

「快躲起來！」

黑暗之中不見人影，不知從哪裏冒出幾聲驚恐的喊叫。

日食過後，羊祜正要去拜見姊姊，羊徽瑜卻突然派人送來了口信。

「速來！」

羊徽瑜嫁給司馬師之後，始終沒有生育，後來只好過繼司馬昭次子司馬攸為養子。司馬師死後，年僅十歲的司馬攸繼承了舞陽侯的爵位，另辟府邸侍奉養母羊徽瑜。

羊祜和家人趕到侯府時，天色向晚，羊徽瑜早已準備好了豐盛的晚宴，一家人說說笑笑，享受著難得的團圓時光，其樂無窮。

飯後，羊徽瑜揮手屏退眾人，單獨留下羊祜。

「叔子，你覺得當今皇上怎麼樣？」

「據我觀察，當今皇上英明睿智，假以時日，一定會成為明君！」

羊祜說的是心裏話，他也贊同鍾會對今上的評價。不料羊徽瑜聽了，什麼也沒說，只是輕輕地搖了搖頭。

「我聽說皇上還召見了鎮東將軍石苞，可有這回事？」羊徽瑜問道

「是。」羊祜答道。

「那你可知道，石苞出宮之後，去了哪裏？」羊徽瑜又問，看到羊祜搖頭，繼續說道：「石苞去了大都督府！大都督問他天子是何等樣人，他說天子非比尋常。第二天，石苞就匆匆離開洛陽，前往揚州接掌兵權了。」

「哦，是這樣。前些日子，皇上召集眾臣，討論夏少康和漢高祖的優劣。有幾個人說漢高祖白手起家，勝過少康，陛下卻大不以為然。」羊祜對那次東堂之論記憶猶新。

「看來他是想中興大魏啊。」羊徽瑜像是喃喃自語，又像是說給羊祜聽：「關鍵就在於你說的假以時日啊。目前來看，他沒有這個機會了。」

「確實是這樣，這些日子以來，我也總是在想這個問題，只怕……」羊祜欲言又止。

「叔子，朝局明朗之前，你什麼也不要說，什麼也不要做！」羊徽瑜注視著羊祜的眼睛，不容置疑地說道。

羊祜重重地點了點頭。

鄭小同是經學大師鄭玄之孫，負責教授皇上《尚書》。那一天受皇上之命去拜見司馬昭，兩人說了幾句話，司馬昭起身如廁，回來後，司馬昭指著案上的公文問鄭小同有沒有偷看。鄭小同搖了搖頭，簡單地說了四個字：「非禮勿視。」司馬昭仍不放心，竟然痛下殺手，將鄭小同毒死，同時狠狠地說道：「寧可讓我對不起你，也不能讓你對不起我。」

消息傳開後，羊祜感到不寒而慄。大都督殺害侍中，這已經是明目張膽的挑戰，隔在皇上和司馬家族之間的窗戶紙已被捅破了。

五月初六日，洛陽城上空烏雲密佈，街上微風不起，安靜得嚇人。皇上派出內侍，緊急召見侍中王沈、尚書王經和散騎常侍王業。內侍出宮已久，遲遲不見回來稟報，皇上焦急地來回踱步，不時到殿門口看看天色。

啪嗒！

雞蛋大的冰雹敲打著殿頂的琉璃瓦，很快落滿一地，白花花猶如散落的珍珠。皇上伸手撿起幾顆冰雹，緊緊握在手裏，直到融化成水。

冰雹過後，便是傾盆大雨。

王沈、王經、王業終於來了。

「司馬昭之心，路人皆知！朕不能坐等被廢，今天就要親自出宮討伐！」

聽了皇上的話，幾位大臣都驚呆了。這幾句話猶如殿外的暴雨，剎那間淋濕了他們的心。

「陛下，請讓臣說句話吧。春秋時期，魯昭公忍受不了季氏專權，也曾大張撻伐，結果落得失敗的下場，被天下人恥笑。再看我朝，司馬昭掌權已經很久了，朝廷內外的大臣只知有他而不知有陛下，也非自今日始啊。陛下，宮中缺少兵力，只怕討伐不成，反倒自取其辱。禍福難測，萬望陛下慎重。」

王經說完，王沈和王業面面相覷，也在旁邊附和，一個勁兒勸皇上三思而後行。

皇上哪裏聽得進去，從懷中拿出黃絹詔書，狠狠地扔在地上，斬釘截鐵地說道：「死又有什麼可怕！何況還不一定死呢！」

正在這時，前往陵雲臺安排兵甲的僕射李昭、黃門從官焦伯等人跑來聽命。

「陛下，怎麼辦？」李昭問。

「成敗在此一舉！」皇上還是很堅決。

「陛下，車馬士卒都淋濕了，還是改日吧？」

看著垂頭喪氣的士兵，皇上也猶豫了。

「既然陛下心意已決，臣等自當全力以赴。今夜大雨，行事多有不便，不如等到明天？」

王沈看了看濕淋淋的李昭和焦伯，又看了看年輕的皇上。他知道事情已無法挽回，於是勸說皇上明天再行動。

皇上交代眾人回去準備，自己進內宮稟告郭太后。他哪裏知道，王沈和王業剛剛衝出宮殿，便徑直衝向都督府，稟報了司馬昭。

第二天，皇上拔劍登車，親自率領數百名衛兵和奴僕，吶喊著衝出宮門。此時此刻，司馬昭的弟弟司馬伷和心腹賈充也已點檢兵馬，朝著皇宮進發了。

兩路人馬在東止車門遭遇。

「這是天子車駕，誰敢阻攔？」李昭大聲怒斥。

司馬伷的兵士看著怒氣衝衝的天子，一時間也弄不清狀況，只好訕訕地逃走了。

皇上繼續前進，趕到皇宮南闕時，遇到了賈充的隊伍。皇上一邊親自拚殺，一邊厲聲警告說：「天子討伐逆賊，誰敢輕舉妄動，誅滅三族！」

賈充這邊的隊伍都被天子的威風震住了，紛紛放下兵器，站在道旁觀望。眼看陣腳要亂，太子舍人成濟連忙請示賈充。

「事情緊急，怎麼辦？」

「養兵千日，用兵一時。司馬公平日待你們可不薄，今日之事，沒什麼可問的！」

得到賈充的命令，成濟心裏有了底，立刻抽出長戈猛刺而去，戈刃刺穿了皇上的身體。

羊祜和大臣們聽到消息，趕到南闕時，司馬昭已經撲倒在地，嚎啕大哭起來：「天下人該怎麼議論我啊！」

太傅司馬孚將皇上的屍體放在自己腿上，哭喊著說道：「陛下，這是我的罪過啊！」

在場許多大臣都主張殺賈充以謝罪，司馬昭卻捨不得這個心腹之人，最後拿成濟兄弟做了替死鬼。成濟兄弟心裏不服，索性脫光衣服，光著身子跑到屋頂，破口大罵司馬昭，最後被下面的士兵射殺。

不知道為什麼，羊祜的眼前總是浮現出皇上陳屍南闕的壯烈場景，偶爾還會想到高高的受禪臺上，漢獻帝將玉璽交給曹丕的場面。漢獻帝和高貴鄉公曹髦，究竟孰是孰非、孰優孰劣呢？

改天換日

不久以後，司馬昭派兒子司馬炎迎接燕王曹宇的兒子曹璜作為繼承人，改名為曹奐。十五歲的曹奐生性懦弱，深知自己的皇位是如何得來的，所以對司馬昭恭恭敬敬，馬上升他為相國，加封晉公，增加食邑到十郡。

曹魏景元四年（二六三年），司馬昭向蜀漢發起全面進攻，鄧艾率領三萬人馬牽制姜維，諸葛緒率領三萬人馬切斷姜維後路。鍾會作為主將，統兵十萬出褒斜道、儻駱道，直指劍閣。就在雙方對峙的時候，鄧艾趁機偷襲陰平道，直抵成都，迫使後主劉禪舉國投降。

各路大軍的報捷奏書如雪片般飛向洛陽，司馬昭正得意洋洋，不料洛陽城裏傳出種種流言蜚語，許多人都在議論鍾會將要造反。司馬昭找大臣商量，主簿郭奕、參軍王深認為荀勖是鍾會的外甥，小時候又在舅家長大，因此勸說司馬昭首先貶走荀勖。司馬昭並未採納，還讓荀勖和自己同車而行，待他如初。

「鍾會這個人性情乖張，不是恩義能收攏的人，大將軍應該早作戒備。」面對司馬昭的信任，荀勖感動不已，說出了心裏話。

司馬昭又問羊祜怎麼想，羊祜想起嬸娘辛憲英的話，「鍾會處事恣意放肆，不是久為人下的態度，恐怕早晚會有異志。」於是照實告訴了司馬昭。

這時司馬昭不再猶豫，親自出馬鎮守長安。蜀中形勢如弈棋，一幕幕鬧劇如走馬燈般上演，先是鍾會將鄧艾父子押送京師，隨後聯合姜維謀反，結果引發兵變，自己也死於亂軍之中。

三國鼎立去其一，司馬昭也因為滅蜀的功勞加封為晉王。羊祜深得司馬昭信任，拜為相國從事中郎，得以與荀勖、裴秀共掌機密。等到司馬昭去世，司馬炎繼承王位，羊祜也隨之升任中領軍，得以統領宿衛，在皇宮當值，成為晉王信任的重臣。

魏帝曹奐已經是實際上的傀儡，只能眼睜睜地看著司馬炎籌劃大事。風暴將至，那是誰都無能為力的了，石苞和陳騫等人多次勸說司馬炎進位稱帝，因為曹魏氣數已盡。

咸熙二年（二六五年），司馬炎急不可待地逼迫曹奐禪位，建國號晉，改元泰始，同時追尊祖父司馬懿為宣皇帝，伯父司馬師為景皇帝，父親司馬昭為文皇帝。

西晉開國後大封功臣，石苞遷任大司馬，羊祜也因扶立之功而進位為中軍將軍加散騎常侍，進爵為郡公，食邑三千戶。他向來為人謙退，同時也害怕引起權臣賈充等人的猜忌，於是再三辭讓，最後封為鉅平侯。

荀勖本來也被封為濟北郡公，眼看羊祜如此謙虛辭讓，也有樣學樣地辭讓公爵，只接受了濟北郡侯的爵位。

晉武帝司馬炎對羊祜格外垂青，特意下詔加封。

「羊祜德操清美，忠貞而坦誠，純正而才高，是文武兼備的人才，為人又很正直，雖在宮廷任要職而不掌管國家機要，這不符合聖君必委任賢人垂拱無為而治天下的要義。現任羊祜為尚書右僕射、衛將軍，配置本營軍隊。」

石苞遷任大司馬後，奉命鎮守淮南，他勤於事務，以德服人，很受士卒愛戴，然而淮北監軍王琛卻看不起石苞出身低微。原來石苞是渤海南皮人，早年流落長安，以打鐵為生，偶然遇到司馬懿，這才被推薦為尚書郎。

泰始四年（二六八年），淮南地區流傳出奇怪的童謠：「宮中大馬幾作驢，大石壓之不得舒。」「宮中大馬」自然是指當今天子司馬炎，「大石」便是石苞。王琛聽到童謠後喜不自禁，連忙密奏朝廷，誣陷石苞暗通東吳，企圖謀反。

司馬炎接到密奏，將信將疑，連忙召集大臣商議。大臣們你看看我，我看看你，竟然沒有人出班說話。這時羊祜站起身來，清了清嗓子，大聲說道：「陛下，臣以為謠言止於智者，單憑區區童謠便懷疑大臣，此非明君所為。據臣所知，石苞早年受知於高祖宣皇帝，後來追隨世宗景皇帝、太祖文皇帝，屢建功勳，從未有過居功自傲之舉。我朝開國，陛下又推誠相待，石苞斷無通吳之理，還望陛下明察！」

後來石苞回到洛陽，覲見司馬炎，特詔以樂陵郡公的身分回到府第。自始至終，石苞都沒有怨恨司馬炎的懷疑，反倒以自己沒有盡到職責而深以為恥。經過這番風波，司馬炎終於相信了羊祜的判斷，於是任命石苞為司徒，位極人臣。

有一次退朝出宮，石苞遇見羊祜，正要開口言謝，羊祜卻以拜見上官之禮相見，禮畢便飄然而去。

下荊州

蜀漢已滅，魏國也變成了晉國，三國爭霸的局面發生了重大變化。正當晉武帝司馬炎積極籌劃滅吳之戰時，東吳皇帝孫皓卻主動發起攻擊。

泰始四年（二六八年），孫皓親率大軍，屯駐東關（今安徽含山西南），同時命令左大司馬施績攻江夏，右丞相萬彧攻襄陽，丁奉和諸葛靚率軍進攻合肥。

一時間戰雲籠罩，大有山雨欲來風滿樓之勢。司馬炎坐鎮洛陽，派義陽王司馬望率領兩萬大軍，駐紮龍陂，授予假節（假以符節，持節），都督各路兵馬。大將胡烈、司馬駿很快擊敗了施績、丁奉，孫皓遺憾地鎩羽而歸。

風波平息後，司馬炎加強對東吳的防禦，任命大將軍衛瓘、司馬伷分別鎮守臨淄、下邳，然後召見羊祜。

「吳主倡狂，這次大敗而去，肯定還會捲土再來。東南重任，朕要委派可靠之人，愛卿意下如何？」司馬炎試探地問道。

這句話意思非常明顯了，那就是讓羊祜擔當對抗東吳的重任，做好滅吳的準備。

「國之大事，臣不敢辭，願為陛下分憂！」

羊祜說得非常堅決，儘管從未帶過兵打過仗，儘管從未想過要坐鎮一方，然而當責任擺在他的面前時，羊祜當仁不讓地將其承擔起來。

司馬炎看到羊祜態度堅定，更加意識到自己選對了人，於是正式任命羊祜為荊州諸軍都督，假節，同時也保留散騎常侍、衛將軍的原官不變。

荊州！

關羽殞命於此！劉備兵敗於此！這裏曾是三國爭霸的焦點，如今一分為二，晉國駐守襄陽郡新野縣，東吳駐守長江以南的江陵。雙方明爭暗奪，勢均力敵，這裏必定是晉吳終極之戰的前沿。

羊祜知道荊州的重要，為了對荊州形勢更加了解，他特意前去拜訪裴秀。

裴秀比羊祜年輕三歲，出身於鼎鼎有名的河東裴氏，自幼聰明，品德出眾。他的生母出身卑微，嫡母宣氏對她很是無禮，曾讓她為客人端飯上菜。客人見了反倒心懷歉意，紛紛站起來行禮。

裴秀母親說：「客人能向我行禮，那都是因為小兒的緣故啊。」後來，裴秀嫡母宣氏知道了這件事，也就改變了對她的看法，不再輕視。長大之後，裴秀得到名士毌丘儉的賞識，推薦給了曹爽，曾與羊祜共掌機密，羊祜和他很是親近，經常探討學問。

到了裴秀家，羊祜發現他的書案上鋪著《禹貢地域圖》，裴秀正埋頭在古籍間，苦苦鑽研，外面來了客人也不知道。

羊祜順手抄起案上的圖紙，輕聲唸了出來：「製圖六體……」

「哦，叔子來了。」

「季彥，請問何為六體？」

「繪製地圖可不簡單，它有自己的規矩，這些規矩總結起來就是六體：分率（比例尺）、準望（方位）、道里（距離）、高下（地勢起伏）、方邪（傾斜角度）、迂直（河流、道路的曲直）。前三體最為要緊，後三體主要是考慮地形的起伏變化。」

「原來如此！那我來對了。季彥，我要請你幫我畫地圖。」

「什麼地圖？」

「陛下派我出鎮荊州，自然是荊州地圖了。」

「兵法有言：『夫地形者，兵之助也。』大將未出，先求地圖，陛下果然沒有選錯人啊！」

裴秀感慨地說著，轉身抱來一大摞地圖，堆放在羊祜面前，然後一一展開。羊祜瞪大眼睛，激動地俯下身子，認真觀看。裴秀抱來十八幅地圖，分別是十六州圖和吳、蜀兩地圖。

看來看去，羊祜盯住荊州圖，目光便不肯再移動了。

「季彥，別的我什麼都不要，這幅荊州圖一定要讓我帶走！」

「哈哈哈，那可不行，這些圖要上繳祕府，你要帶走，必須得到陛下恩准。不過凡事皆可從權，我只好連夜再為你臨摹了。」

「那就有勞了。」

「別急，別急。這些圖都是死的，行軍打仗還是要活起來。」

「你是說活地圖，世上哪有此物？」

「你可知道後漢馬援？」

「伏波將軍，這個誰人不知？」

「馬援聚米為山的典故，你可知道？」

「還請賜教。」

「建武八年，光武帝親征叛將隗囂，無奈西北地方山勢險峻，進軍不便，難以追擊。馬援當著光武帝的面，聚米為山谷，指畫兩軍形勢。光武帝高興地說，敵人都在我眼中了！」

「太好了，太好了！有了季彥這番指教，東吳也在我眼中了！」羊祜激動地拉著裴秀的手，哈哈大笑。

臨行之前，羊祜去看望嬸娘，還送去華麗的錦被。那天辛夫人身體欠安，聽說羊祜來辭行，強撐病體坐起。

「叔子，你又何必買這麼貴重的東西呢？」辛夫人撫摸著侄兒送來的禮物，既高興又心疼。

「想起嬸娘還沒享過侄兒的福，侄兒常常覺得愧疚難安。」

「哪裏的話，我能看著你長大，已經是天大的福份了。吳主孫皓暴虐不仁，眼看就要眾叛親離，你這番南下荊州，必定能夠建立不世之功，嬸娘等著你的捷報。」

「侄兒此去，嬸娘還有什麼要囑咐的嗎？」

「叔子啊，如今你能主持一方局面，早已成為國家棟樑，哪裏還用嬸娘來教。無非是像諸葛武侯那樣止戈為武，攻心為上罷了。」

「侄兒記下了，嬸娘多保重。」

辛夫人由侍女攙扶，一直送到門口，羊祜再三勸說，這才依依不捨地揮手作別。但是萬萬沒有想到，這一別竟成永訣。羊祜剛到荊州不久，便接到了姊姊的來信：嬸娘去世了！

羊祜手裏拿著信，默默無言，任憑淚水滑落。恍惚之中，眼前浮現出嬸娘慈愛的面容，彷彿正伸出手來，愛憐地撫摸他的頭頂。他無力地伏在案前，右手漸漸攥緊信紙，揉成一團，彷彿只有這樣，才能將這消息消滅於無形無影。

「嬸娘！」

這次荊州之行，他本想遵從嬸娘的教導，為國建功好讓嬸娘驕傲，然而這一切都不可能了……。曾幾何時，小羊祜依偎在嬸娘身旁，聽著小青龍和三公主、楚漢相爭、漢末群雄的故事，天真爛漫地提著傻傻的問題，那真是天賜的時光啊。如今說故事的人走了，聽故事的人也老了。

那一夜，羊祜伏在案前睡著了，夢中全是童年的身影，夜深人靜時忽然醒來，竟不知今夕何夕，更不知道身在何方了。

不舞之鶴

三國鼎立時代，荊州是曹魏、孫吳、蜀漢的爭奪焦點。關羽鎮守江陵，北上襄陽，擒于禁，斬龐德，威震華夏，致使曹操不得不撤出漢中戰場。因為打通襄陽、南陽這條通道之後，洛陽等於門戶洞開，再也無險可守。

現在三國變兩國，荊州的重要性絲毫不減。如果東吳攻打晉國，只要沿著當年關羽的路線打過去，照樣可以兵臨城下。如果晉國攻打東吳，只要拿下江陵，便可沿著長江順流東下，直指東吳都城建業。

羊祜很快便將裴秀的荊州地圖看得爛熟於胸，當然他不想學趙括那樣紙上談兵，因此只要公務不忙，他就會帶上兩三個隨從，策馬巡視，熟悉山川地理和風土人情。

那天羊祜在漢江邊上策馬徐行，看著浩浩蕩蕩的江水，忽然若有所思。

「我可以往，彼可以來，曰通。通形者，先居高陽，利糧道，以戰則利。」

聽了羊祜的吟誦，旁邊的參軍劉儈說道：「將軍吟誦的可是《孫子兵法》？」

「不錯。襄陽北通南陽，南接江陵，沒有崇山峻嶺做依靠，真要打起仗來，我們憑什麼取勝呢？」羊祜像是在問劉儈，又像是自言自語。

「這個嘛，自然是將軍籌劃，將士用命。」劉儈答道。

「你說的不錯，不過這是雙方接戰以後的事了。你可知道，打仗打仗，自古以來打的就是錢糧。我去糧倉點檢過了，糧食少得可憐，將士們餓著肚子怎麼打仗？當地百姓民生艱難，又如何支撐得起兩國決戰？」

「這……」劉儈萬萬沒想到羊祜思慮如此深遠，倉促之間無言以對。

回到衙署，羊祜立刻召集劉儈、趙寅、劉彌、孫勃等人，商議屯田一事。

「諸位都是飽讀詩書之士，我來問個問題。後漢末季，天下大亂，袁紹在河北，袁術據淮南，魏武帝夾在中間，並不強勢，但後來卻南征北戰，定鼎天下，他憑藉的又是什麼呢？」

各位參佐面面相覷，不知道都督的葫蘆裏賣的是什麼藥。劉儈聽羊祜說過糧食的事，心裏有數，這時也不敢點破，只是低頭不語。

「依屬下拙見，魏武帝挾天子以令諸侯，當然能號令天下，征討不臣。所謂出師有名就是這個意思。」趙寅回答道。

「屬下以為魏武帝最能延攬人心，左右文臣武將都是一時之選，二袁自然不能與之相抗。」孫勃說道。

「不錯，兩位說的都有道理。不過我讀史書，卻發現了這樣的趣事。」

羊祜面帶微笑，徐徐掃視眾人一圈，繼續說道：「自黃巾舉事到董卓造逆，天下十室九空。正如陳思王（曹植）所說，『中野何蕭條，千里無人煙。』我的家鄉就是穀價暴漲，一斛高達五十萬錢，誰能買得起啊，賣兒鬻女和吃人的事時有發生，可謂慘絕人寰。百姓果腹尚且不能，諸侯籌糧自然困難，袁紹的隊伍常常斷糧，士卒以野棗桑葚充飢，袁術的隊伍也有士卒挖取河蚌為食。請問諸位，這樣的隊伍能打勝仗嗎？」

聽了羊祜的分析，各人都頻頻點頭，顯然是被羊祜獨特的分析吸引住了。

「將軍廣聞博識，實在令人佩服，屬下還是第一次聽說。」劉儈說道。

「請問將軍，魏武帝又是如何解決缺糧的問題呢？」劉彌問道。

「問得好！想必諸位都聽過魏武帝割髮代首的典故吧？那是建安三年夏天，魏武帝兵發宛城，討伐張繡。當時麥子熟了，魏武帝下令，凡是踐踏麥田的一律斬首。將士們都牽馬而行，當然魏武帝沒有下馬，不料麥地裏忽然飛起一隻斑鳩，坐騎受驚，躥進麥田，踩倒了一大片麥子。前腳剛剛頒令，後腳自己便違反了，魏武帝跳下馬來，拔出佩劍就要親自執行律令，旁邊的謀士們連忙勸阻。郭嘉說道：『《春秋》有言：法不加於尊。丞相還要統率大軍，怎能自殺，令三軍無帥呢？』魏武帝聽了郭嘉的話，割下一綹頭髮，算是自我懲罰。」羊祜說道。

「魏武善詐，割髮代首無非是做做樣子罷了。」趙寅笑著說道。

「固然是詐，卻也說明魏武帝對糧食的看重。不過單是惜糧憫農還不足以解決大軍的糧食問題，當時有謀士棗祗首倡屯田，將無主的農田收歸國家，招募流民，分給土地、種子、耕牛和農具，收穫之後，國家和屯田之民分成，第一年就收入百萬斛糧食。魏武帝眼見成效顯著，於是下令推行全境，這樣的軍隊怎能不勝？」

「看來都督已經深思熟慮，請問我們該如何施行？」劉儈問道。

「我想與諸位約法三章：第一，明令將士愛護農戶農田，不得擅自騷擾。第二，全軍將士一分為二，一半墾荒種田，一半操練巡視，半年交替。第三，沒有三年存糧，不得言戰。違令者斬！」

屯田令發出之後，羊祜身先士卒，親自扶犁耕地，播種插秧。農忙時節，他會帶領士卒到田間，幫助百姓收割。當地百姓從未見過這樣的高官下田耕種，起先甚是驚訝，還有些不知所措，後來見到羊都督平易近人，親切和善，也就熟悉起來，有事沒事都願意往他身邊湊。

「大都督真是好人啊！」

「大都督小時候種過田嗎？」

這個問題把羊祜問住了，他望著遠處，似乎想起了童年。

「我小時候還真沒種過田，今日方知稼穡之艱難啊。不過像今年這樣的豐收年，再苦再累也值了，大夥說對不對？」羊祜說道。

「那是，那是，羊公做我們的父母官，保證不會橫徵暴斂，我們心裏踏實啊。」一位長鬍子的老者說道。

羊祜聽了老者的話，微笑著點了點頭，正要起身，忽然聞到香噴噴的味道。循著味道望去，只見幾個士兵正在樹下嬉戲，冒出濃濃的煙霧，走近一看，原來是在烤麥穗。

羊祜勃然大怒，厲聲喝道：「來人啊，給我綁了，明日問斬！」

聽到這聲霹靂般的怒吼，不光那幾個士兵愣在當場，周圍的將領和百姓也都愣住了，懷疑自己聽錯了都督的話。

「劉僧，沒聽見軍令嗎？」

劉僧這才衝上前來，命人將那幾個烤麥穗吃的士兵綁了個結結實實，正要推走，奇怪的事情發生了。田間勞作的農夫們紛紛跑過來，呼啦啦跪在羊祜面前，替那幾個士兵求起情來。

「大都督，這幾個士兵也不是作惡多端，沒有惡意啊！」

「羊公，他們就是幹活累了，歇口氣，怎麼能處斬呢？」

「是啊是啊，反正也是要交軍糧嘛。」

「羊公，我活了這把年紀，從未見過如此愛惜民力的官長，從未見過幫助百姓的軍伍。殺幾個人不要緊，可是這會寒了士卒的心，也讓軍民有了隔閡啊！」

聽了長鬍子老者的話，劉僧等人也圍在羊祜身邊說情。

「都督，這位老丈說得有道理，還是從輕發落的好。」

羊祜彎下腰，輕輕扶起老丈和其他跪在地上的農夫，然後衝著劉儈揮了揮手：「看在老丈和諸位父老求情的份上，死罪可免，每人杖責三十，以儆效尤。」

羊祜軍紀嚴明，對自己更是嚴格。按照荊州當地的風俗，如果前任官員是死在任上，繼任官會覺得不吉利，上任第一件事就是要毀掉官府的舊房舍。當部下稟報要毀壞房舍，重建新房時，羊祜十分驚訝，覺得非常荒唐。

「各位難道沒聽過嗎？死生有命。只要我羊祜行得端，坐得正，上不負天子，下不愧百姓就行了。官舍無非是木石罷了，焉能干涉人事？從今而後，凡我荊州境內，嚴禁此類荒唐之舉。」

除了館舍盡量簡易，羊祜也減少了府邸的衛士和隨從，有時外出打獵也只帶兩三個人。

一天夜裏，羊祜處理完公務，忽然想到軍營外走走，於是披上長袍，信步來到門口。

不料守門人卻伸出長戟，攔住了羊祜。

「幹什麼？」羊祜驚訝地問道。

「天色已晚，為了都督的安全，我不能讓都督出門。」守門人說道。

「我只是隨便轉轉，很快就回來了。」羊祜說道。

「都督身肩重任，怎能如此隨心所欲地放縱自己？將軍的安危就是國家的安危，除非我死，否則今夜此門絕不會開。」

守門人說出自己的理由，羊祜聽了覺得很有道理，不由得仔細看了看那個守門的士兵，問道：「你說得不錯，那我就不出去了。你叫什麼名字？是何職務？」

「在下名叫徐胤，任軍司。」徐胤答道。

「哦，徐胤。」

羊祜輕輕地唸著這個名字，轉身回去休息。從此以後，羊祜便很少在夜間出門。

墾田的事順利進行，全軍從上到下也都理解了都督的做法，個個奮勇，人人上進，羊祜看在眼裏，喜在心頭。他不喜歡鮮亮的盔甲，經常穿著輕便的皮衣，繫著寬大的帶子，巡視軍營的各個角落，完全不像統率千軍萬馬的武將，倒像是隱居在山水田園之間的書生。

有一次外出，羊祜發現林中有隻白色的丹頂鶴，愈看愈喜歡，便讓士兵輕手輕腳地靠近，捉回來養在府裏。他想起曾看過仙鶴在雪地裏翩翩起舞的情景，心裏忽然冒出個奇妙的想法。

他故意讓鶴挨餓，等到鶴忍受不住了，仰天長鳴的時候，再在空地上放置食物。羊祜自己站在旁邊搖頭擺腦，像孩子似的手舞足蹈。衛兵們看著孩子氣的大都督，忍不住捂著嘴巴偷笑。丹頂鶴聞到食物的美味，飛快地撲過來，竟然也學著羊祜的樣子，使勁拍打翅膀，雙腳亂舞，同時揚起脖子，發出高亢的鳴叫聲。

每當這時，羊祜都會情不自禁地拍手大笑。

「妙，妙，妙！」

如此反覆，不到幾天丹頂鶴已經熟悉了，只要看見羊祜拍手起舞，便也跟著起舞。興致來了，羊祜還會走近丹頂鶴，人鶴共舞，不亦樂乎。

機會來了。秋去冬來，襄陽大地飄下漫天大雪。天剛濛濛亮，羊祜披上大衣，走出門外，看著滿地的白雪，禁不住喜上眉梢，一面吩咐衛兵不要急著掃雪，一面連忙派人去請眾位將軍、太守，前來觀賞鶴舞。

正午時分，客人們都來了，羊祜特意在庭院裏擺開酒宴，邀請眾人一道欣賞鶴舞。酒過三巡，眾人正是酒酣耳熱，羊祜叫人放出丹頂鶴，自己親自端著食物靠近。

丹頂鶴怯生生地向前走了幾步，看著面前那麼多的陌生人，竟然再也不肯向前了。羊祜有些著急，連忙為丹頂鶴示範，又是拍手跺腳，又是旋轉跳躍，丹頂鶴還是紋絲不動，慢慢地向後退縮。

「哈哈，這真是不舞之鶴啊！」客人們有些失望。

羊祜聽了客人的話，也有點兒興味索然，乾脆叫人抱走丹頂鶴，放歸山林了。

西陵之戰

「不舞之鶴」讓羊祜很沒面子，卻也給了他很大的啟示。有的人徒有虛名，實則不堪重用；有的人沒沒無聞，其實是深藏不露。作為地方長官，如果能多多發現隱沒的人才，那便是比打仗還重要的大事。

他詳細考察了身邊的幾名參軍，似乎都不太滿意，不是太過柔順，就是頭腦太慢。想著想著，眼前忽然閃過那個攔住他不讓他出門的軍司。

「軍司叫什麼名字？嗯，好像姓徐……徐胤！不錯，此人執法如山，且能想到國之安危，實在堪當大用，不妨先做個參軍，歷練歷練，將來定能獨當一面。」

羊祜緩緩踱步，邊走邊想，這時他的侄子羊暨疾步跑過來。

「叔父，朝廷有詔書！」

羊祜捧讀詔書，原來是皇上嘉勉他在荊州治軍有方，屯田有成，特命他即刻赴京，另有封賞。

「暨兒，天子召我進京。你馬上去準備一下，我明天動身。」

「是，叔父。」

羊暨正要出去，羊祜又叫住了他。

「王濬這個人，你可有耳聞？」

「侄兒略有耳聞。王濬小字阿童，弘農人士。據說此人容姿俊美，博學多聞，就是……就是自視甚高，不修品行，頗為鄉人不齒。我還聽說他修建宅第的時候，曾在門前修了數十步寬的大路，別人都說路太寬了，怕是沒用，王濬卻說這條路將來要走高舉長戟幡旗的儀仗隊伍。別人都笑他，他還拿陳勝的話取笑眾人，燕雀焉知鴻鵠之志。」

「哈哈哈，不錯不錯，這事我也有所耳聞，的確是疏闊之人。我還聽說他任河東從事的時候，為官公正嚴明，許多貪官都望風而逃。太守徐邈的女兒才貌俱全，只因眼光太高而待字閨中。徐邈便想了個辦法，大宴同僚，並讓女兒偷偷觀看，不過是看了幾眼，徐家小姐便告訴母親，看中了王濬，於是徐邈便將女兒嫁給了王濬。」

「那叔父的意思是……」

「我相信徐家小姐的眼光。王濬胸懷大志，敢於執法，這才是做大事的人啊。這次進京，我想在陛下面前舉薦此人，最好能帶回荊州。」

「此人志大才高，如果不能善加節制，恐怕……」

「世上哪有完美之人，只要用其所長，避其所短就行了。」

這次特旨召見，除了顯示司馬炎對羊祜的恩寵和信任，更彰顯出對荊州局勢的擔憂，因為西北地方出了大亂子，平吳之戰恐怕很難在短時間內完成了。

從泰始四年（二六八年）起，河西、隴西等地連年遭遇大規模旱情，民眾無以為生，民心不穩，再加上當地胡漢混雜，局勢驟然緊張起來。朝廷派悍將胡烈為秦州刺史，誰知此人不知安撫民眾，反強行鎮壓，引發當地百姓不滿。鮮卑首領禿髮樹機能趁機聚集部眾，正式反叛朝廷，胡烈也兵敗身亡。

「唉，這次秦涼之變，都是朕用人不當所致。西北缺少你這樣的能臣去治理，不過朕也不會動搖決心，你還是回任荊州，繼續執行大計。」

「西北邊陲，縱然小有風波，畢竟後繼乏力，想必不致影響全域，陛下不必過慮。」

「好，這次回荊州，你想要什麼？」

「陛下，臣想要一個人。」

「誰？」

「王濬。」

司馬炎准了羊祜的請求，任命王濬為大都督參軍，協助辦理荊州軍務。羊祜回家不久，皇上的詔書隨即送到，原官之上又加車騎將軍，金印紫綬，開府儀同三司。王濬也隨之遷為車騎將軍從事中郎。

羊祜為人謙退，他深知自己到任以來，並未建立多大的功勳，驟然間蒙受皇上如此厚賞，只怕招來朝官們的閒言碎語。孔子云：「德不配位，必有災殃。」何況車騎將軍又是僅次於大將軍、驃騎將軍的重要武職，位次同於三公。細思良久，羊祜決定上疏辭謝。

一燈如豆，羊祜端坐如儀，恭恭敬敬地寫道：

「臣恭敬地看了加恩的詔書，陛下提拔臣與三公同等。臣自從出仕以來才十幾年，擔當朝廷內外的重任，官職顯赫而重要，但是臣常常日夜不安，榮耀也變成了憂慮，因為臣的才智沒有增進，不可久居過當的恩寵。古人有言，沒有令人心服的品德而加官晉爵，會使有才能的大臣不願奮進；沒有為國立下功勳而享受厚祿，就無法鼓勵願意為國出力的臣民。臣身為外戚，不必擔心不受重視，而臣所做之事關係國家時局，應該警惕過度恩寵。如今陛下給予臣超常的榮譽，臣的功勞實在不足以擔當，於心何安？德不配位，必將從高處跌落，那時僅僅想守住先人的陋室也不可能了。如果違抗詔命，那是忤逆天子；如果違心從命，臣又是如此為難。古人尚且知道為臣之節，能進則進，不可進則止。微臣不才，也不敢忘記前人訓誡，不忘此義。

「如今天下歸晉已經八年了，臣未能推舉有德之人，引薦有功之士，使陛下知道勝過臣的人還有很多，沒有進入仕途的賢人仍然不少。假若還有像傅說、呂尚那樣的賢人被遺漏在鄉間，而朝廷卻不以枉用臣為非，臣處高位而又無愧，那麼朝廷的損失不是太大了嗎？臣竊居官位已久，然而從未像今天這樣受朝廷信任，兼任文武要職。雖然臣的所見狹小，卻也知道光祿大夫李憙高風亮節，公允正直；光祿大夫魯芝潔身寡欲，與人為善又不隨波逐流；光祿大夫李胤清廉、簡樸而坦誠，效力國家，堅守為臣之禮從不逾矩。他們歷任內外要職，而清廉簡樸一如尋常百姓，都未能如我一般榮獲尊寵。如今臣超越他們，豈不是辜負天下人的期望？因此臣決心堅守臣節，不願在頃刻間得此高位。當今天下一統的目標尚未達成，邊疆戰事時有發生，臣乞求保持原來的職務，迅速回到荊州，繼續屯墾戍邊。如果在京城留連日久，那麼在對抗敵國方面必將有所耽擱。這是臣的肺腑之言，懇請陛下恩准。」

然而皇上並未同意羊祜的辭讓，卻重用了他舉薦的三個人，李憙、魯芝、李胤，待準備離開洛陽、重返襄陽的時候，羊祜讓羊暨燒掉了自己的奏疏。

「叔父，這些可都是貴重的文書啊，為什麼要燒掉？」羊暨大惑不解地問道。

「留存於世，難免為人所知，那就不好了。」羊祜靜靜地說道。

「侄兒不明白，這有什麼不好，叔父為國舉賢，這不是大臣的美德嗎？」羊暨說道。

「你說得不錯，我是為國舉賢，皇上從我這裏知道了賢者，加以任用，我的目的也就達到了。」羊祜說道。

「侄兒還是不明白，總覺得叔父這樣做有些過於謹慎。」羊暨說道。

「並非如此，有些人現在在你跟前促膝談心，彷彿很親近，然而一出門就說壞話。所謂君臣之間不守密的訓誡，我怕是自己還沒做到呢。身居要位而不薦拔賢才，豈不是在知人問題上有愧嗎？再說，你跟我這麼久，難道還不知道我最不齒的就是拜官公朝、謝恩私門嗎？傳揚出去，終究不是什麼好事。」

回到襄陽後，羊祜得知東吳的荊州都督已換成了陸抗。

「陸抗！東吳丞相陸遜之子。」

這個消息對羊祜來說是不小的打擊。陸抗之父陸遜是東吳著名的儒將，當初昭烈皇帝劉備為義弟關羽報仇，舉全國之兵討伐東吳，東吳形勢危在旦夕。陸遜引兵據戰，夾江對峙，卻又嚴令將士不得主動出擊。劉備遠道而來，求戰不能，糧草轉輸困難，加之天氣酷熱，軍中爆發疾疫，士卒苦不堪言。為了躲避酷熱和取水方便，劉備命令全軍到山谷密林中安營紮寨。陸遜趁機放火焚燒，火燒連營七百里，一舉擊潰劉備大軍，令蜀漢大傷元氣，劉備也憤憤死於白帝城。

陸遜就像棉花，劉備的鐵拳打過來，完全使不上力氣，這樣的將軍最可怕。羊祜不怕猛將、悍將，設身處地替劉備想想，也想不出破解陸遜的辦法。若陸抗也繼承乃父之風，這般用兵，那可真是不好對付了。

羊祜的擔憂是有道理的，不久之後，他就遇到了到任荊州以來的首次挫敗。

西陵都督步闡本是東吳丞相步騭之子，繼承兄長職務，擔任西陵都督，隨後被封為昭武將軍、西亭侯。步家父子在西陵經營四十多年，關係盤根錯節，早已將西陵當成了自己的地盤，當接到吳主孫皓讓他離開西陵、進京述職的命令時，步闡感到無比驚慌。直覺告訴他，有人在皇上面前說了自己的壞話，再想想當今皇上殘酷暴虐，動不動就殺害功臣勳舊，要是自己真被挑出什麼刺兒來，必將性命不保。將軍離開軍隊，那就相當於毒蛇拔了牙，沒有什麼威勢了。

思前想後，步闡決定降晉，獻上西陵做為投名狀，謀得司馬炎的信任和厚遇也不是什麼難事。謀定之後，步闡寫好密信，命兩個侄子步璣、步璿親自送到洛陽，並讓他們留下當人質。

面對送到嘴邊的肥肉，司馬炎大喜過望，當即加封步闡為都督西陵諸軍事、衛將軍、開府儀同三司、侍中，領交州牧，封宜都公。步璣和步璿兄弟也都各有封賞。

吳主孫皓聽說步闡叛變投降，立刻令陸抗討伐，陸抗遂派左弈、吾彥兩員大將直撲西陵。這邊司馬炎也派荊州刺史楊肇前往西陵迎接步闡，羊祜率領步軍直奔江陵，趁機襲擾陸抗的大本營，而已升任巴東監軍的徐胤也率領水軍接應步闡。倉促之間，晉、吳兩國已在長江兩岸排兵佈陣，大戰一觸即發。

陸抗命令部屬在西陵周邊修築工事，對外阻擋晉兵，對內包圍步闡。陸抗麾下將士以為此次是速攻，打完了事，不想卻在這裏日夜搬石取土，士卒們苦不堪言，將軍們也都想不通，紛紛找到陸抗，要求直搗西陵，活捉步闡。

「步家父子經營多年，西陵固若金湯，倉促間難以攻克，若屆時晉兵到來，我們腹背受敵，怎麼辦？」陸抗問諸將。

將軍們還是想不通，陸抗也很無奈，只好答應讓他們進攻一次試試。一切都如陸抗所料，西陵城毫無破綻，根本攻不破，部將們只好乖乖地回來修築工事。不久，陸抗的工事修好了，羊祜的五萬大軍也開到了江陵，然而在運輸軍糧上卻遇到了麻煩。原來，陸抗剛到荊州時，便命人在當陽附近修築堤堰，阻斷河水，防止敵人從北方進攻。

羊祜仔細觀察地形，只能用船來運輸軍糧，於是派兵蒐羅船隻，準備運糧，卻又怕敵方早有防備，於是故意放出消息，要決破堤壩放水，好讓大軍通行。

陸抗準備親自率領大軍討伐步闡，許多將軍都怕羊祜趁機攻佔江陵。陸抗卻信心滿滿地說：「江陵城牆堅固且士兵眾多，不用擔心。即使讓羊祜佔據江陵，我料他也守不住。倒是西陵如果落入楊肇之手，那上游形勢就很不利了。」

「將軍，剛剛得到消息，羊祜要決堤放水。」士兵進來報告說。

陸抗聽了哈哈大笑：「這是羊叔子故佈疑陣，看來他是害怕我們自己決堤啊。來人，立刻派兵決堤！我陸抗絕不上當。」

聽說吳軍決破河堤，羊祜很是苦惱，心想這陸抗果然非比尋常，現在只能改用小車運輸糧食，行軍速度立刻延緩了許多。而當羊祜大軍好不容易趕到江陵城外，卻遇到了公安督都孫遵的頑強抵抗，雙方對峙之際，又傳來楊肇慘敗的消息。楊肇眼見勞而無功，竟然趁夜逃跑。陸抗順利攻克西陵，誅殺了步闡及其部將數十人。無奈之下，羊祜只能徐徐退兵。

司馬炎空歡喜一場，最後只落得個損兵折將，得不償失，一怒之下將楊肇免為庶人，羊祜降為平南將軍。

然而經過這場西陵之敗，羊祜反而放下心來。他更加相信自己的平吳策是對的，尤其是面對陸抗這樣的名將，更是急不得，必須要做好萬全的準備，等待東吳內部發生變亂。

羊公無德？

這次突如其來的失利，確實打亂了羊祜的部屬，回到襄陽之後，羊祜立刻派人將王戎抓了起來。王戎是天下共知的名士，素來與山濤、阮籍等人交好，平日裏喜歡坐而論道，開口「無為」，閉口「自然」，雖然名義上是羊祜的部將，卻全然不把羊祜放在眼裏。羊祜命他率軍接應楊肇，王戎卻遲遲按兵不動，導致楊肇孤軍深入，缺少後援，終於倉促敗逃。

幾位參軍默而不語，只有王濬強烈反對處斬王戎。

「將軍，王戎不務實務，實在是死不足惜。然而此人在朝中頗有聲望，如果貿然處斬，不但於事無補，只怕連累了將軍的清譽啊。」

「那依你之見呢？」羊祜問道。

「王戎夸夸其談，許多見解都與將軍施行的平吳大計相左，實在不宜留在軍中，免得敗壞軍心。不如將他送回京師，交由皇上處置吧。」

羊祜採納了王濬的建議，正要將王戎送往京師，不料王戎的堂弟王衍前來傳達詔書，羊祜便在衙署接見王衍。雖然是公事，王衍卻未穿官服，寬袍大袖，手執白玉柄拂塵，儀容俊美，姿態瀟灑，根本不像是傳旨的樣子。

在洛陽的時候，羊祜見過王衍幾次，知道他出身於琅琊王氏，家門顯赫。王衍年紀不大便獨自拜訪名士山濤，山濤與其交談片刻後，對他的博學多識感到驚異，初次相見的老少二人竟然傾談了一整天。直到送走王衍，山濤還忍不住感歎：「不知道是哪位老婦人，竟然生出了這樣的兒子！」

此次襄陽再見，羊祜本想親自設宴招待，卻又考慮到王戎也在座，便讓羊曁和王濬等人作陪，自己躲到書齋裏讀書去了。

王戎和王衍回到洛陽後，到處散佈羊祜的壞話。朝廷上原本有賈充和任愷兩大集團，相互猜忌、各樹朋黨、互相攻訐。賈充和荀勖、馮紞等人屢屢在皇上面前說任愷的壞話，使得皇上對其愈來愈不信任，最終將任愷罷了官。

荀勖等人本與羊祜交好，如今聽了王戎和王衍的話，也覺得羊祜掌握兵權，深得皇上寵信，實在是賈充的潛在對手，於是便也經常詆毀羊祜。

羊祜對朝廷裏的傾軋並不關心，早在京師，他就對賈充敬而遠之了，然而樹欲靜而風不止，關於他的傳言還是傳到了荊州。

「京師裏傳說『二王當國，羊公無德』，將軍可曾聽說過？」有一天，王濬對羊祜說道。

羊祜聽了哈哈大笑，不以為然地說：「兵法有云：『進不求名，退不避罪，唯民是保，而利合於主，國之寶也。』我受命鎮守荊州，眼裏只有朝廷的詔令，心中只有荊州百姓，何必跟他們計較。不過王夷甫（王衍）少得盛名，漸得高位，我怕將來傷風敗俗的也是這個人啊。」

無論羊公有德無德，好在皇上依舊對他信任有加，多次下詔勉勵，讓他繼續推行既定政策。

隨著對荊州的熟悉，羊祜漸漸愛上了這裏的山山水水，更對城南的峴山鍾愛有加。有時只帶侄子羊暨並兩三名隨從，放馬徐行，沿路的父老見到羊祜，無不欣喜地駐足問候，羊祜也親切地噓寒問暖，好像面對著自家的親人。

登上山頂，放眼北望，只見漢江滾滾流淌，綿綿不絕又無聲無息，氣勢遠遠勝過家鄉的汶水。這江水從何而來，又流向何方？百轉千迴，江水注定不會停留於此，誰來了，誰走了，誰又能在江水裏蕩起點點波瀾？哪管什麼攻城掠地的驚世韜略，哪管什麼千軍萬馬的奮勇廝殺，江水遲早要奔向大海。

羊祜躺在樹下的草叢裏，以手為枕，面對漢江陷入沉思。

「王家兄弟會傷風敗俗嗎？我這樣說是否過於操切？為什麼他們名滿京師，唯獨我看他們不順眼？是我錯了嗎？」

他想起自己小時候的情形，那時有嬸娘督促，他讀的是儒家經典，鐫刻在心頭的是「三軍可奪帥，匹夫不可奪志也」，「天行健，君子以自強不息」，「士不可以不弘毅，任重而道遠」，可是如今呢？人人都在捧讀《老子》、《莊子》與《周易》。此三書號稱「三玄」，彷彿誰要不讀「三玄」，便是不入流。這些書羊祜也讀，卻從未拿來為自己延攬聲譽，只當作做那是閒暇時候的消遣罷了，怎麼能是治國安邦之道呢？如果舉國上下人人談玄說虛，人人坐而論道，西北的仗怎麼打？東吳怎麼平定？

想到這裏，羊祜蹭地站了起來，飛快地衝下山去。羊暨不知道發生了什麼，連忙在後面追趕。

回到轅門後，羊祜立刻召集劉儈、趙寅等人，吩咐他們去找閒置的房屋，同時發佈告示，宣佈開設學校，凡是胸有才學，有志為國出力的年輕學子都可前來就學。

連年戰亂早已讓人無心向學，不過經過多番努力，荊州學校總算有了規模。羊祜經常親自到學校裏講授經典，鼓勵學子們研習儒家學問，將來好為國家做事。

那天羊祜正在講授《左傳》，部下校尉趕來報告說從邊界抓回了兩個孩子，特來請示怎麼處置。

「孩子？為什麼抓孩子？」羊祜聽了既驚又怒。

「屬下聽說這兩個孩子的父親是東吳將領，是不是可以作為人質？」前來報告的校尉想不到羊祜如此生氣，小心翼翼地說道。

「胡說！兩國交兵還不斷來使呢，何況是兩個不諳世事的孩子。此事傳揚出去，豈不教東吳人說我們卑鄙無恥嗎？」羊祜說道。

「那……那怎麼辦？」校尉問道。

「原路送回！」羊祜斬釘截鐵地命令道。

送走校尉，羊祜轉過頭來看著驚訝的學子們，忍不住哈哈大笑。

「如果連孩子都不放過，那我們倒真成了虎狼之師了。」學生們跟著大笑。

羊祜接著說道：「你們也都知道，當年秦滅六國，山東六國都說秦國是虎狼之師。然而人人都是血肉之軀，哪有什麼虎狼之師啊，不過我倒以為，六國之敗正在於此。」

羊祜手撚鬍鬚，若有所思。

「學生殊為不解，懇請羊公賜教？」有個膽大的學生起身問道。

「你們想啊，如果視秦為虎狼，自然是把自己當成了魚肉，氣勢上也就輸了。相反，如果把秦人也看作普通人，那就能以自己之心推測秦人之心，自然能夠洞穿秦人的心腹和欲求，然後才能有應對之法。」

這個意外事件也產生了意想不到的效果，那兩個孩子被放回之後，向自己的父親詳細描述了羊祜的言談舉止，他們的父親欽佩不已，很快就率部來降。羊祜對他們說，你們在軍中肯定有朋友，可以送信回去，散佈消息，就說我羊祜無意侵犯，一意防守。

這個消息果然起了作用，不久之後，東吳那邊的士兵便不見蹤影。羊祜這才命令隊伍真正撤回襄陽，專心屯田。很快地，荊州屯田就擴大到了八百頃。

亦敵亦友

皇上下詔詢問荊州戰事，同時讓羊祜舉薦人出任巴郡太守。巴郡與東吳接壤，兩軍交兵之事時有發生，攤派到百姓頭上的稅賦、徭役不勝繁重，百姓苦不堪言，貧窮人家都不敢多生孩子，甚至出現了生下男嬰便狠心溺死的行徑。

羊祜想到了王濬。

「羊暨，快叫王濬！」

「叔父忘了嗎？王將軍率軍出征了。」

原來東吳大將鄧香侵犯邊境，王濬主動請纓，率領三千人馬前往迎戰，至今未歸，也不知道戰況如何。

「哦，是這樣。你趕快派人打探消息，速速回來稟報。」

三天後，王濬和羊曁一起回來，這次不光打了勝仗，還俘虜了鄧香及手下五百人。

王濬非常高興，羊祜卻親手解開鄧香身上的繩子，拉著他的手並肩走進轅門。鄧香很不服氣，痛罵王濬詭計多端，自己輸得冤枉。

羊祜聽了哈哈大笑：「諸葛孔明能捉放孟獲，我羊祜就不能放鄧香嗎？」

眾人聽了大惑不解，鄧香更是疑惑，呆呆地望著羊祜。

「鄧將軍，現在你可以走了。對了，別忘了帶上你的人馬。」

看羊祜說得斬釘截鐵，鄧香不再懷疑，朝羊祜拱了拱手，便大踏步走了出去。

「將軍，這如何使得？」

王濬上前勸阻，羊祜卻走過來拉住他的手說道：「這些小事你就不用管了。你稍事休息，明天就去洛陽覲見皇上吧。」

當天晚上，羊祜專門設宴為王濬餞行，囑咐他到巴郡之後的行動方略。王濬對羊祜的策略早已心領神會，想到有機會親自實踐，心裏非常激動，免不了感謝羊祜的舉薦之恩。

出人意料的是，王濬前腳剛走，鄧香後腳又回來了。這次他率領自己的部屬上千人，心悅誠服地前來歸順。包括羊暨、劉儈等人在內，那些質疑羊祜的將佐們都大為驚訝，想不到諸葛武侯捉放孟獲的舊事，竟然就在自己的眼前發生了。眾將對羊祜更是佩服得五體投地。

秋天來臨，莊稼都已收割，四野無事，羊祜集結部隊在漢江邊馳騁遊獵。將軍躍馬歡騰，士卒喧譁追逐，好不熱鬧。每當這時，羊祜也會換上鮮亮的鎧甲，手挽皇上賞賜的寶弓，一馬當先地追趕獵物。

馬背上的羊祜彷彿回到了少年時代，沒有畏懼也沒有憂慮，眼睛裏只有獵物。突然一頭野豬出現在眼前，羊祜悄悄地抽出雕翎箭搭在弦上，看準野豬的腦袋，一箭射出。

「命中了！命中了！」士兵們歡呼雀躍，紛紛衝了上去。

羊祜趕上前去，跟著士兵們一起尋找，果然在草叢裏發現了那頭野豬，此時野豬已經不動了。

「將軍神威，一箭便射死了野豬！」

聽了士兵們的頌揚，羊祜也有些得意，這還是他南下荊州以來收穫的最大獵物呢。

「抬回去，犒勞將士們！」羊祜高興地下達命令。

正當他翻身上馬，準備繼續出擊的時候，有個士兵驚訝地喊道：「咦，奇怪啊！怎麼還有一支箭？」

「真的啊，在這裏！」

聽到這話，羊祜趕緊下馬查看。果不其然，野豬肚子上還插著一支箭，只是在野豬逃竄過程中折斷了半截箭桿，不容易發現罷了。羊祜拔出那半截箭頭，仔細看了看，說道：「這是東吳士兵的箭，看來是他們先射中的獵物。來人啊，快把野豬還給對面。」

從事中郎鄒湛上前說道：「大將軍，雖說是東吳先射中的獵物，畢竟還是死於將軍之手，怎麼能輕易送還呢？」

「唉，話可不能這麼說，如果不是礙於邊境，人家也不會平白丟了這頭野豬。」說到這裏，羊祜故意抬高了嗓門，大聲說道：「少了這頭野豬，難道咱們就吃不上野味了嗎？」

士兵們跟著哈哈大笑。

送走野豬，羊祜翻身上馬，繼續打獵。那天的收穫依然很多，羊祜請來鄉親父老和學校裏的優異學子，共用美味。

因為羊祜的德政，晉、吳兩國的邊境上相安無事，百姓們都能安居樂業。荊州百姓愛戴羊祜，連東吳百姓也對羊祜心悅誠服，稱呼他為「羊公」。

羊祜巡視邊界，有時還能看到東吳都督陸抗的身影。兩位都督勒住坐騎，互相揮手致意。

「陸幼節真是東吳干城！設使此人常在，我何時才能南下滅吳啊？」面對陸抗不動如山的風度，羊祜忍不住喟然歎息。

那邊陸抗也對羊祜歎服不已，經常告誡將士們說：「老子曰：『善為士者不武，善戰者不怒，善勝敵者不與，善用人者為之下。』羊叔子以德感人，若我們依靠暴力，氣勢上就先落了下風，很難不被征服。就目前來看，若羊叔子仍在荊州，我們只要保住邊界就很好了，諸位千萬不要因為小利而去侵擾。」

陸抗手下大將潘景卻不服氣，怒衝衝地說道：「戰場本來就是死生之地，末將還沒聽說過靠道德就能打勝仗的呢。大都督給我五千人馬，我保證踏平襄陽，活捉羊祜！」

「哈哈哈，據我觀察，羊叔子比得上樂毅和諸葛孔明，你可有田單和晉高祖（司馬懿）的能耐？不過等到開戰那天，我自然會讓潘將軍做先鋒。」

陸抗說完，揮了揮手，示意眾人退下。潘景憤憤地走出轅門，嘴裏兀自嘟囔不停。

就這樣，兩國無事，陸抗和羊祜相互欣賞，經常派使者問候對方，還順便送些禮物。

有一次，東吳的使者來到襄陽，說起陸抗生病的事，羊祜聽了非常擔心，連忙讓人拿出自己親手調製的藥，交給使者說道：「這是我自己配製的藥，很對陸將軍的病症，只是我還沒有服用過。如果陸將軍不嫌棄，那就先送給陸將軍吧。」

使者帶回藥，陸抗非常感動，正要服用，旁邊的將軍陳尚連忙阻止說：「大都督且慢！咱們可是兩國交兵，萬一羊祜在藥裏使詐，坑害大都督，那可怎麼辦？都督身繫國家安危，萬萬不可掉以輕心啊！」

陸抗聽了哈哈大笑，說道：「羊叔子難道會害人嗎？」

服用羊祜的藥物之後，陸抗的病很快就有了起色。為了感謝羊祜的贈藥之恩，陸抗精心準備了江南特產作為回贈，專門派人送往襄陽。

陸抗和羊祜這樣打交道，卻讓手下的將軍們都糊塗了，心想從軍多年，哪裏見過這樣的敵人和對手啊。有的人心裏不服氣，便偷偷地奏報吳主孫皓。

孫皓聽了大發雷霆，如果不是老成的大臣勸說，差點就召回陸抗問罪了。然而火氣雖平息下來，孫皓還是派使者斥責陸抗，陸抗只好上疏為自己辯解：「臣聽說一邑一鄉，都不能不講信義，何況我們東吳還是大國！如果臣不這樣做，不但傷害不到羊祜，反而更讓人傳頌羊祜之德，卻將我東吳當成不義之師。以不義伐有德，豈能求勝？」

看了陸抗的奏疏，縱然是殘忍暴虐的孫皓也無言以對。兩相比較，晉武帝司馬炎對羊祜則是從未懷疑，始終信任有加。

峴山之會

八月中秋，羊祜在衙署設宴，招待眾將佐。明月當空，清風徐來，一派太平氣象，忽然一隻大雁飛過天空，發出響亮的鳴叫。羊祜抬起頭來，恰好看見雁影掠過月亮，不由得想起自己精心飼養的那隻丹頂鶴。

「大將軍，東吳的陳尚、潘景常來侵犯，我們一忍再忍，誰知他們變本加厲，前兩天還打傷了我們好幾個士兵。」參軍趙寅喝了不少酒，說起了兵事。

「哦，那你說怎麼辦？」羊祜故意問道。

「依我看，咱們趁今夜中秋，末將親自率領三千人馬來個星夜奇襲，必能生擒陳尚和潘景。」趙寅說道。

「末將願意同往！」劉彌也隨聲附和。

「兩位說笑了，我來荊州多年，你們幾曾見過我偷襲敵營？哈哈哈，古人云：『晝短苦夜長，何不秉燭遊。』值此良夜，咱們還是飲酒為上啊。」

羊祜頻頻舉杯敬酒，然後衝自己的女婿使了個眼色，示意他多多勸酒。女婿會意，拉著羊曁過來，熱情地勸趙寅和劉彌喝酒。趙、劉二將不知是計，不一會兒就醉得不省人事了。

第二天，天剛濛濛亮，羊祜立刻派人向陳尚和潘景下戰書，約定三天後正式開戰。

約定的日期到了，羊祜親自披掛上陣，三通鼓罷，命令全力出擊。羊祜手下的將軍和士兵們整天忙著屯田，輪番訓練，極少能上戰場廝殺，早就盼望著痛痛快快打個大仗了。聽到戰鼓聲，猶如猛虎下山般撲向對面。

相反的，陳尚和潘景誤以為羊祜只是個紙上談兵讀死書的儒生，根本就沒放在心上，忽然間遇到上來就拚命的晉兵，還真有些不知所措。前鋒部隊很快被衝亂了陣腳，轉身逃竄。潘景高舉寶劍，厲聲喝止，然而兵敗如山倒，無論如何也挽回不了。

戰爭很快結束，東吳這邊全軍覆沒，陳、潘二將也死於亂軍之中。羊祜命令將兩位東吳將軍的屍首運回襄陽，舉行了隆重的殯殮儀式，然後派人通知其家屬，前來認領。

這次牛刀小試，不僅晉國將士對羊祜更加佩服，東吳那邊也不再有人前來挑釁，邊境上安然無事。

過了幾日，羊祜喚來羊曁和女婿，問道：「前幾日攻打陳、潘二將，我們似乎越過邊界，踩踏了東吳的農田。這樣吧，你們立刻去找到東吳的田主，請他們算一算損失，我們以絹做為賠償。」

「叔父，好像不必吧，兩國交兵，死傷都不在話下，幾畝農田又算得了什麼？」羊暨大惑不解。

「你說得對啊，兩國交兵，為的是什麼？還不是天下一統。真到那個時候，東吳的百姓遲早也是我晉國的百姓，怎麼能因為小利傷了百姓的心呢？」

聽了羊祜的話，羊暨半信半疑，不再反駁，悻悻地出去了。

看看周圍沒有別人，女婿湊上前來，低聲說道：「岳父大人，小婿有句話不知當講不當講？」

「說吧。」

「岳父大人的薪俸都供奉了家族和親屬，每次部下有人生病或家庭困難，你也都慷慨相助，實在是捉襟見肘了。」

「怎麼，我做得不對？」

「小婿不是這個意思。眼看大人也上了年紀，早晚會有解甲歸田的一天，何不多購置些田產，置辦點家業，卸官後也有個歸宿，難道這樣不好嗎？」

「唉！」聽了女婿的話，羊祜放下手裏的書卷，歎息著說道：「你也讀過史書，你見史書上誰人不死，史官又何曾記載誰人留下多少財貨、多少田產？那都是身外之物罷了。不過你既然說到這裏，回去後轉告其他的羊氏子弟，我羊祜身為人臣，如果一心經營私業，那就自然違背公事，這都是糊塗之舉。你們應記住我這些話。」

春暖花開，草長鶯飛，襄陽再度迎來山明水秀的好時光。羊祜欣喜地召集眾將，暢遊峴山，坐在山頂草地，沒有了長官和僚屬的分別，沒有了公務和戰事的煩擾，所有的人都開懷暢飲。

「暮春者，春服既成，冠者五六人，童子六七人，浴乎沂，風乎舞雩，詠而歸！」高聲吟誦完《論語》裏的名句，羊祜又說：「小時候讀書，只求背誦，很難理解書中真意。讀了『子路、曾皙、冉有、公西華侍坐』，我很是不解，明明子路、冉有、公西華都說出了治國平天下的大志，孔夫子為什麼不置可否，偏偏欣賞這個狂狷的曾皙，還說『吾與點也』。今時今日，羊祜總算明白孔子的心境了。吾與點也，吾與點也！」

「吾與羊公也！吾與羊公也！」

從事中郎鄒湛略微有了醉意，聽了羊祜的話，忍不住站起身來，大聲附和，引得眾人紛紛喝采。

這時羊祜也站了起來，眼望漢江，長長地歎了口氣，說道：「自有天地以來就有這座峴山，古往今來，多少賢人高士也曾像你我一般，登山遠眺，冶遊娛樂，如今峴山仍在，他們都去了哪裏？多少人早已湮沒無聞！想來真是令人悲傷。如果死後有知，我的魂魄還會歸來，還會登臨峴山吧？」

「羊公之德，天下誰人不知，誰人不曉？羊公的勳勞事業追比前賢，一定會和峴山一樣永存於世。至於我們這些人嘛，才是像羊公說的那樣湮沒無聞呢！」鄒湛說道。

「我羊某不過是滄海一粟罷了。」

羊祜謙虛地擺了擺手，面對寥廓天地，他說的是真心話。魏武帝曹操宏圖霸業，為後世打下大魏的基業，如今天下不也已經改姓司馬了嗎？昭烈皇帝劉備織席販履，起於草莽，終於裂土封地，紹續漢祚，也算一代英雄，如今後主劉禪不也歸降了嗎？吳大帝孫權繼承父兄之志，聯劉抗曹，火燒赤壁，鼎足江東，連曹操都感歎「生子當如孫仲謀」，如今孫皓倒行逆施，江山社稷也岌岌可危了。

天下誰是英雄？英雄安在哉？

下山的時候，羊祜藉著酒力，縱馬疾馳，將隨從們遠遠地甩在了後面。他沿著漢江飛馳，彷彿回到了故鄉的汶水邊，那個曾在河邊抓魚捕蟬的少年又回來了。

「百川東到海，何時復西歸？」

這句詩不停地閃現在他的腦海裏，勾起無限回憶，那是嬸娘在考他的功課，那是姊姊在問他的詩篇。

「駕！駕！」

羊祜快馬加鞭，彷彿跟隨江水奔馳就能回到故鄉，彷彿穿過亂草叢就能回到從前。突然一道暗溝橫亙眼前，等到發現時已經來不及了，馬失前蹄，發出長長的哀鳴。

馬倒了，羊祜也被遠遠地掀翻在地。羊祜只覺得全身劇痛，幾次試著站起身來，無奈胳膊全無力氣。

「羊公！」

「羊公！」

隨從們跟上來，連連呼喚，羊祜卻什麼也聽不見了，耳邊彷彿響起姊姊溫柔的聲音。

「汶河怎麼不往東流，反倒往西流呢？」

「哎，姊姊，我問妳呢。」

朦朧間，羊祜忽然想起汶河邊那位神祕的老人。「羊叔子有德，猶能為折臂三公！」

他艱難地伸出左手，試著摸了摸右臂，一點兒知覺也沒有了。

胳膊，真的斷了！

伐吳策

自從跌落馬背之後，羊祜便感覺自己的身體一天不如一天了。他有時心安，覺得自己來荊州所做的一切都是對的，為將來的天下一統奠定了基礎；有時又很惶恐，平白佔著大將軍的高位，卻實在沒打過幾場像樣的仗，更未能給予東吳致命的打擊。

咸寧二年（二七六年）十月，皇上下詔表彰羊祜的功勞，加封為征南大將軍、開府儀同三司，同時增加封地。羊祜接到詔書後，不勝惶恐，他覺得自己未能平定東吳，貿然接受天高地厚的賞賜，實在不應當，於是請求皇上將自己的爵位和封地賞賜給舅父之子蔡襲。皇上同意了羊祜的請求，封蔡襲為關內侯，食邑三百戶。

西北局勢仍在惡化，禿髮樹機能的勢力繼續向西發展，高昌以東的許多鮮卑部落也都起而響應，紛紛叛晉。照這樣下去，國家什麼時候才能騰出手來平定東吳呢？

「唉，不行了，看來我是無法完成這件大事了，必須尋找接替我的人啊。」

忽然一陣風吹來，燈焰跳了幾跳，熄滅了。羊祜從沉思中醒來，看看外面月華灑地，卻比室內還要明亮。藉著月光，羊祜徐徐走出庭院，站崗的衛兵看見大將軍，恭恭敬敬地行禮，開門。羊祜想起曾經阻攔自己的軍司徐胤，嘴角露出了微笑，合格的門將尚且不易得，何況是干係國脈的將軍呢。

想到這裏，他心中一凜：西北、鮮卑、禿髮樹機能、石鑒……對了，就是山濤提到過的石鑒！羊祜聽說石鑒以安西將軍之職都督秦州諸軍事時，京兆人杜預正任秦州刺史，領東羌校尉。石鑒和杜預素來不合，石鑒便以頂頭上司之便公報私仇，命令杜預率三百士兵出擊鮮卑。

杜預知道石鑒沒安好心，當然不肯送死，於是頂撞石鑒說，六月草盛馬肥，根本不適合與鮮卑人作戰，而且軍隊的兵源和給養問題也必須集中力量預先解決，因此交戰時間只能定在第二年春天。眼看杜預不服命令，石鑒惱羞成怒，隨便找了個罪名逮捕杜預，送交廷尉治罪。好在杜預有「護身符」，他的夫人司馬氏是司馬懿之女，也就是當今皇上的姑母，這才保住了性命。事發不久，石鑑被禿髮樹機能打得慘敗，證明杜預的意見是正確的。後來杜預被重新起用，擔任朝廷的度支尚書，主管錢糧財物事宜。

羊祜心想，杜預明於謀略，善於規劃，正是代替自己的絕好人選。而且杜預擔任度支尚書已經五六年了，應該立刻上疏皇上，舉薦他到更重要的位置上去！想到這裏，羊祜快步回來，重新點亮了油燈。

春耕又開始了。

漢江沿岸的農田裏，農夫們正在辛勤勞作，四處洋溢著熱鬧的氣氛。羊祜信步走在田間，遇到相識的人便上前招呼。百姓看見羊祜也不以為異，只當作是自家的老者或鄰里，叫聲「羊公」就繼續幹活了。

羊祜喜歡這樣的氣氛。

「阿童復阿童，銜刀浮渡江。不畏岸上獸，但畏水中龍。」

不遠處傳來稚嫩的童聲，聽聲音不像荊州本地人。羊祜循聲望去，只見田壟上奔跑著三五個童子，邊走邊唱，旁若無人。

羊祜快步走過去，想要問明白他們唱的是什麼，然而等他趕過去的時候，童子們早已不見了蹤影。

「羊公好！」

羊祜悵然若失，忽然聽見有人呼喚自己，連忙揮手示意，請那人過來問話。

「老人家，剛才那幾個童子是哪裏人，聽口音不像本地啊？」

「那幾個孩子是東吳那邊的，去年跟著大人歸順過來。有什麼不對嗎，羊公？」

「哦，沒什麼。我聽他們唱的童謠挺有趣，想要問問，找不著了，哈哈。」

「我也常聽他們唱呢。」

「太好了，快告訴我他們唱的是什麼？」

聽完老者轉述的童謠，羊祜呆住了，半天沒有說話，連老者告辭都沒有聽見。「阿童復阿童，銜刀浮渡江，不畏岸上獸，但畏水中龍。」這是說伐吳必定要依賴水軍啊，當初羊祜便認為要想伐吳，必須憑藉長江上游的有利地勢。不過「阿童」是什麼意思，難道是人名？哎呀，對啦！王濬，王濬的小字不正是阿童嗎！

羊祜舉薦王濬做了巴郡太守，他勤政愛民，減輕徭役課稅，規定凡是生育者都可免除徭役，被保全成活的嬰兒多達數千人，當地百姓無不歌功頌德。不久王濬改任廣漢太守，依然廣施德政，深受百姓愛戴。有一天夜裏，王濬夢見屋樑上懸掛著三把利刃，很快又多了一把，他從夢中驚醒，心裏很不舒服。天亮之後，王濬跟僚屬們說了這個惡夢，主簿李毅祝賀說：「三個刀是州字，又增加一個，預示府君將要做益州刺史啊！」

不久，益州牙門將軍張弘發動叛亂，殺死益州刺史皇甫晏，皇上下詔升任王濬為益州刺史。王濬下車伊始便以奇計殺死張弘等人，迅速平息叛亂，事後被封為關內侯。

王濬在益州政績突出，吸引各族百姓紛紛依附，朝廷正要召他赴京，拜為右衛將軍、大司農。

羊祜細細琢磨著這幾句來自東吳的童謠，情不自禁地自言自語：「阿童啊阿童，你還是好好留在益州，做你的水中龍，不要上岸做什麼大司農了。」

想到這裏，羊祜趕回衙門，立刻寫了封密奏給皇上，闡述自己通盤的平吳大計。懇請皇上將王濬繼續留在益州，並且密令他開始建造船艦，做好從上游出擊東吳的準備。

「先帝順應天意人心，西平巴蜀，南和孫吳，海內百姓得以休養生息，人心安樂。而吳背信棄約，使邊境又生戰事。國家氣數雖是天定，而功業必靠人為，不滅東吳，則士卒百姓無安寧之日。完成統一大業，亦是光大先帝功勳，實現無為而治之舉。」

羊祜開宗明義，說明伐吳是大勢所趨，至於許多人議論的東吳憑藉長江天險足以抵抗晉國的說法，他以蜀道之難為例，做了雄辯的反駁。

「蜀國地勢並非不險要，高山上接雲霓，深谷不見日月，關隘險道，束馬懸車方能通過，有一夫當關，萬夫莫開之勢。然而滅蜀大戰開始之後，蜀國似乎連個籬笆都沒有，我軍斬將奪旗，斬殺敵軍數萬，乘勝席捲蜀地，直搗成都城。漢中一帶的蜀兵都不敢出動，猶如鳥兒躲在巢裏，這並非蜀人不願戰，實在是力量不足與我軍抗衡。劉禪投降時，蜀地官兵悄然四散。現在，渡過長江和淮河的難度不會超過劍閣，山川之險也不會越過岷山、漢水，孫皓的暴虐更是勝過劉禪，吳人比巴蜀還要貧困。再看我大晉的軍隊多於前世，軍餉和兵械也多於往日。」

這些年來，羊祜安居於襄陽，早已對天下大勢深思熟慮，伐吳攻略更是了然於胸。他建議皇上以四路大軍伐吳，梁州、益州的水軍沿長江而下，猶如尖刀直插東吳心腹；荊州大軍向南渡過長江，直取江陵，掃清東吳在荊州的勢力；豫州的軍隊進攻夏口，切斷東吳上游和下游之間的聯絡，壓縮東吳的防線；其餘徐州、揚州、青州、兗州的軍隊多路並進，直撲建業，同時搖旗擂鼓，故作疑兵，動搖東吳朝廷的意志。再加上孫皓虐待大臣，早已人心離散，到時候兵臨城下，必然有人歸降內應。

最後，羊祜堅定地說：「晉軍深入敵國，遠離後方，必有死戰的決心；吳人本土作戰，自然會有退而守城的念頭。如此看來，平吳之戰很快就可獲勝！」

羊祜的奏疏高屋建瓴，清晰地梳理了伐吳的基本思路和攻略，司馬炎看了深以為然，發給眾大臣討論。中書令張華、度支尚書杜預非常贊同，懇請皇上即刻著手部屬，然而重臣賈充、馮紞、荀勖等人都極力反對。

「西北軍情尚且未定，倘若再舉全國之兵伐吳，國力如何承受得起啊？」賈充認為不能同時發動兩場大戰。

「臨深履薄，陛下不可不察啊。」馮紞在旁邊附和道。

司馬炎猶豫了。

詔書傳到襄陽，羊祜喟然歎息，他仔細考慮西北的局勢，經過一番深思熟慮，再次上表道：「東吳平定，則胡人自然安定，當前只應迅速完成滅吳大業，而不可坐失良機啊。」

詔書和奏疏往來幾次，皇上依然下不了最後的決心，羊祜的身體卻愈來愈虛弱，有時握筆寫字都很困難。他知道，辛苦經營的大計，無論如何也不會在自己手裏實現了，能否親眼看見天下一統還是問題呢。好在皇上也聽取了他大部份的建議，加封王濬為龍驤將軍，都督益州諸軍事。王濬開始建造樓船，造船的木屑沿江漂流，漂到夷陵，漂到建業。孫皓哪裏會想到，這就是滅吳的信號呢。

「天下事不如意者十有七八，我已經播下了種子，收穫的事就等後來人吧。」

這樣想的時候，羊祜的心裏也就平靜多了。

墮淚碑

一旦有了放手的念頭，羊祜的思鄉情便前所未有地濃烈起來，故鄉的屋舍草木列隊走過眼前，彷彿無聲的召喚。他夢見小時候的庭院，夢見汶水邊的柳樹和蟬鳴，夢見母親抱著哥哥哭泣，夢見姊姊牽著自己奔跑。醒來後，耳邊響起姊姊的呼喚。

「祜兒，回家嘍！」

每次從夢中醒來，羊祜的臉上都留著淚痕，枕頭也常常被淚水打濕。四十多年前，那個小小的羊祜怎能想到自己會走這樣遠的路呢。

他寫信給從弟羊琇，詢問老家的情形，最後寫道：「等到這邊大事了卻，我會戴上隱士巾回歸故里，我會為自己挖好墳墓，放下棺材就足夠了。漢朝的疏廣不也是棄官歸農嗎，他就是我的榜樣啊。」

咸寧四年（二七八年），晉國的天下頗不太平，陽平、廣武等地先後發生地震，死傷無數，各種謠言不脛而走，甚囂塵上。

羊祜也感到深深的不安，他更感覺自己的身體一天比一天虛弱，再也無力繼續執掌荊州軍務，於是上疏請求返回朝廷。

皇上同意他回朝的詔書送來了，同時到達的還有景皇后羊徽瑜去世的消息！司馬炎受禪登基後，追謚伯父司馬師為景皇帝，尊奉羊徽瑜為景皇后。羊徽瑜長居弘訓宮，又被稱為弘訓太后。

姊姊去世的消息讓羊祜的心裏發生了強烈的震動，更加重了他的病情。

返回洛陽後，羊祜進宮朝見皇上，詳細稟報了荊州的軍情、民情，同時極力推薦杜預代替自己主持大計。皇上對他無比信任，每隔幾天就召他進宮，商量軍情，朝廷上有什麼大事也都要聽聽他的意見。

隨著病情日益加重，羊祜再也不能入朝了，皇上便派中書令張華往來傳遞消息。張華是西漢開國功臣張良的後代，自幼聰慧多才，博聞強識，器量宏闊，對羊祜心懷崇敬和欽佩之情。羊祜也很賞識張華，自己有什麼想法都毫不隱瞞，期待他能影響皇上早做決斷，不要錯過伐吳的機遇。

「陛下有受禪讓的美名，遺憾的是功德尚未著稱於世。現在東吳的暴政已到極點，此時伐吳，我大晉可以不戰而勝。統一天下而興辦文教，陛下可比堯舜，而臣下猶如稷契，這是百代難逢的盛事啊。如果錯過機會，孫皓去世，那麼吳人必然另立英明君主，等到那時，縱有百萬大軍，恐怕也難以越過長江了，這不是留下後患嗎？」羊祜說道。

聽了羊祜的主張，張華點頭稱讚。

「茂先，能實現我這個願望的人正是你啊！」羊祜殷切地說道：「還請你轉告陛下，平吳之事不必我親自參與，我也不敢認為自己有功。我的一生即將結束了，未成的事業應該託付他人，希望陛下能審慎人選。我還是舉薦杜預和王濬，懇請陛下不要疑惑動搖！」

看著病床上骨瘦如柴的羊祜，張華預感到這是他最後的囑託，忍不住淚如雨下。

這年十一月，洛陽城裏大雪飛揚，羊祜永遠地合上了雙眼。

羊祜去世的消息也像雪花，很快便傳遍了全城。皇上親自為羊祜送葬，痛哭不已，天氣寒冷，皇上的眼淚流到鬍鬚上面，很快結成了冰。洛陽城的百姓們夾道送別羊太傅，整個都城都籠罩著悲傷的氣氛。

消息傳到襄陽時正逢集市，百姓們罷市關張，自發地祭拜羊公，襄陽城裏的哭聲不絕於耳，連綿不斷。哭聲感染了吳國邊境上的將士，他們也為昔日的「敵人」落下悼念的淚水，深情地呼喚著「羊公」。

襄陽百姓在羊祜熱愛的峴山頂上建廟立碑，表達永遠的紀念。每當人們看到石碑，追想羊祜的恩情，無不熱淚長流。杜預也曾登上峴山，撫摸著石碑，感歎說：「墮淚碑啊墮淚碑，羊公之魂安在哉？」

兩年後，羊祜舉薦的杜預按照羊祜生前的部署發動滅吳之戰，王濬的樓船在夷陵燒斷攔江的千尋鐵索，大軍直指建業，統一大業終於宣告完成。

滿朝文武大臣都來向皇上慶賀，晉武帝司馬炎手舉酒杯，流淚說道：「這都是羊太傅的功勞啊！」

四百多年後，襄陽詩人孟浩然與朋友同登峴山，撫摸著羊公碑，臨風吟誦道：

人事有代謝，往來成古今。江山留勝跡，我輩復登臨。
水落魚梁淺，天寒夢澤深。羊公碑字在，讀罷淚沾襟。

羊祜生平簡表

二二〇年（漢獻帝建安二十五年）

東漢獻帝劉協被逼禪位，曹丕篡位，改國號為魏，中國歷史進入三國時期。

二二一年（魏文帝黃初二年）

劉備在四川成都稱帝，建立了蜀漢。

二二二年（黃初三年）

吳將陸遜在夷陵之戰大破漢軍。

十月，孫權自稱吳王，建號黃武。

二二三年（黃初四年）

四月癸巳日，蜀漢皇帝劉備於永安駕崩，謚為昭烈皇帝。

五月，蜀漢太子劉禪登基，年十七歲，封丞相諸葛亮為武鄉侯。

二二一年（魏文帝黃初二年）

羊祜出生於泰山郡南城縣。

二二四年（黃初五年）

阿爾達希爾一世叛變，殺害安息帝國最後一位統治者阿爾達班五世，建立薩珊王朝。

二二五年（黃初六年）

蜀漢丞相諸葛亮南征，爆發南中之戰。蜀軍擊敗雍闓、高定等叛軍。後七擒七縱孟獲，平定南方。

八月，曹丕率軍南攻東吳，爆發第二次廣陵事變，不聽蔣濟之言，遇上河水結冰，被孫軍打敗。至一〇月回師，曹丕於次年駕崩。

扶南國王范旃遣使來吳國，歷時四年來到東吳，獻琉璃。孫權派遣中郎康泰出使扶南國。

二二六年（黃初七年）

五月，曹魏文帝曹丕日駕崩。

五月，曹叡登基。

八月，東吳乘魏文帝駕崩，進攻江夏，為太守文聘所敗。

薩珊王朝阿爾達希爾一世將首都從伊什塔克爾遷至泰西封，立祆教為國教。

二二七年（魏明帝太和元年）

三月，蜀漢丞相諸葛亮向劉禪上《出師表》，準備北伐。

二二八年（太和二年）

蜀漢大臣諸葛亮進行第一次北伐。

曹魏天水郡參軍姜維投奔蜀漢。

街亭之戰馬謖因違反軍令，為張郃所破，蜀軍進退無據，不得已放棄隴右三郡，退守漢中。

曹魏以三路襲取吳國，雙方決戰於石亭，吳國一舉擊潰魏國十萬兵馬。

諸葛亮趁石亭之戰之機進行第二次北伐以分散東吳在荊州方面的壓力。

二二九年（太和三年）

蜀漢大臣諸葛亮進行第三次北伐。

四月，吳王孫權自立為皇。遷都建業。

二三〇年（太和四年）

十二月，孫權北伐合肥新城，被滿寵打敗。

二三一年（太和五年）

諸葛亮進行第四次北伐。

二三二年（太和六年）

魏伐公孫淵之戰，無功而返。

二三四年（青龍二年）

二月，諸葛亮進行第五次北伐，雙方在武功五丈原對峙百餘天。

五月，東吳北攻魏合肥新城。

十月八日諸葛亮病逝軍中。

曹魏遣使高句麗和親。

二三五年（青龍三年）

羅馬軍隊叛亂，皇帝亞歷山大．塞維魯被殺。在軍隊部屬的擁護之下，馬克西米努斯．色雷克斯成為羅馬帝國的新皇帝。

二三六年（青龍四年）

高句麗東川王斬東吳使臣胡衛，傳其首於曹魏幽州。

二三七年（景初元年）

公孫淵自稱燕王，改元紹漢，叛魏自立。

二三八年（景初二年）

魏滅燕之戰，燕國政權為司馬懿率兵平定，設高句麗、高顯、遼陽、望平四縣於玄菟郡。

二三九年（景初三年）

曹芳繼位為魏國皇帝，改年號為正始。日本邪馬台國女王卑彌呼派遣難升米出使魏國，獲賜親魏倭王之金印。

二三九年（魏明帝景初三年）

魏明帝曹叡去世，齊王曹芳繼位。曹爽徵辟，羊祜謝絕。

二四〇年（魏少帝正始元年）

姜維開始向曹魏開始北伐，出兵隴西。

二四四年（正始五年）

曹魏大將毌丘儉摧毀了丸都城，高句麗東川王逃到沃沮。

二四七年（正始八年）

司馬懿以正妻去世為由稱病不朝。姜維第二次北伐。

二四八年（正始九年）

姜維第三次北伐。

二四九年（正始十年）

姜維第四次北伐，攻曹魏的雍州。

二五〇年（嘉平二年）

姜維第五次北伐，劉禪授姜維假節，姜維復出西平，由於糧草不繼，不克而還。

羅馬帝國皇帝德西烏斯開始大規模迫害基督徒，教宗法比盎因而殉教。

二四九年（魏哀帝正始十年）

司馬懿發動高平陵之變，重掌軍權。羊祜岳父夏侯霸降蜀。羊祜在洛陽照顧夏侯氏家族，未受牽連。

二五一年（嘉平三年）

姜維第六次北伐，攻西平郡，不克而還。

加盧斯被軍隊擁立為羅馬皇帝，而元老院則擁立德西烏斯另一子霍斯蒂利安為皇帝。加盧斯接納霍斯蒂利安為共治皇帝，而霍斯蒂利安不久染上瘟疫病死。

二五二年（嘉平四年）

神鳳元年四月孫權駕崩，太子孫亮即位。

十一月，曹魏大將軍司馬師趁孫權病亡兵分三路征伐孫吳。

二五三年（嘉平五年）

蜀漢大將軍費禕被郭脩在宴會上刺殺。

三月，東吳太傅諸葛恪率二十萬人圍攻合肥。

姜維呼應東吳的軍事行動，發起第六次北伐。

羅馬帝國皇帝高盧斯死於士兵之手。

二五四年（嘉平六年）

一〇月一七日，曹魏大將軍司馬師廢黜曹芳。曹髦即位為帝。正元年號建立。

蜀漢將領姜維第七次北伐，進攻隴西，攻破狄道、河關。

二五五年（魏少帝正元二年）

姜維趁司馬師病危發起第八次北伐，是為狄道之戰。

曹魏大將軍司馬師病逝，司馬昭繼任曹魏大將軍、錄尚書事。

二五六年（正元三年）

姜維第九次北伐。

薩珊波斯的沙普爾一世入侵了美索不達米亞及敘利亞，他攻下並洗劫了安條克。

二五五年（魏高貴鄉公正元二年）

司馬師去世，司馬昭任大將軍，徵辟羊祜，羊祜不入私門，就任中書侍郎，升任給事中、黃門郎。

二五七年（甘露二年）

蜀漢中散大夫譙周做仇國論，力陳姜維北伐之失。

姜維趁諸葛誕叛亂發動第十次北伐，進攻秦川。魏軍據守不戰。

二六〇年（甘露五年）

泉州建城。

伊朗薩珊王朝沙普爾一世在埃德薩戰役中大敗羅馬軍團，並且俘虜了羅馬皇帝瓦勒良，長子加里恩努斯成為羅馬帝國皇帝。

二六一年（魏元帝景元二年）

姜維第十一次北伐，與魏將鄧艾戰於侯和，被鄧艾所擊敗，也是姜維最後一次北伐。

二六〇年（甘露五年）

高貴鄉公曹髦被弒，曹奐即位。羊祜被封為關內侯。

二六二年（魏元帝景元三年）

鍾會任鎮西將軍，辛憲英奉勸羊祜提防。

二六三年（景元四年）

一二月——三國曹魏成功消滅蜀漢。

劉徽使用割圓術計算圓周率為3.14。

二六四年（景元五年）

鍾會與姜維等於成都發動叛亂，事敗被殺。

二六五年（咸熙二年）

九月，孫皓決定遷都武昌（今湖北省鄂州市）。

十二月，司馬炎廢魏元帝曹奐，自立為帝，建立晉朝，魏國滅亡。

二六六年（咸熙三年）

二月四日：三國時期魏國皇帝曹奐被迫禪位於司馬炎，晉朝建立。

倭女王壹與遣使朝貢西晉。

二六五年（咸熙二年）

司馬昭去世，司馬炎繼承晉王爵位。羊祜任中領軍。

二六五年（晉武帝泰始元年）

司馬炎逼迫魏元帝曹奐禪位，即位為帝，國號為晉。羊祜進號為中軍將軍，加散騎常侍，進爵為郡公，食邑三千戶。羊徽瑜為景皇后，因居弘訓宮，故稱弘訓太后。

二六八年（晉武帝泰始二年）

扶南國、林邑國遣使至晉。

二七〇年（泰始六年）

河西鮮卑王禿髮樹機能與匈奴劉猛起兵反晉，六月在萬斛堆殺秦州刺史胡烈。

二七一年（泰始七年）

晉匈奴并州之戰，十一月，匈奴劉猛攻并州（今山西太原），并州刺史劉欽擊破之。

二七三年（泰始九年）

羅馬皇帝奧勒良將巴爾米拉城夷為平地。同年，擊敗了高盧帝國將高盧、不列顛和西班牙重新併入帝國。

二六九年（泰始五年）

羊祜調任荊州諸軍都督，假節，開始統籌平吳戰略。

二七〇年（泰始六年）

吳國名將陸抗任荊州都督，與羊祜對峙。羊祜建議在益州辦水軍，利用長江上游的便利條件。

二七二年（泰始八年）

晉吳西陵之戰爆發，羊祜進攻江陵，因為陸抗破壞道路而導致糧草運輸困難，不能前進。羊祜因救援不利而被貶為平南將軍，並推薦王濬任巴郡太守，參與平吳大計。

二七六年（咸寧二年）

羅馬皇帝克勞狄．塔西佗被殺害，軍隊推出普羅布斯為帝。

二七七年（咸寧三年） 晉將文俶率軍大破禿髮樹機能，諸胡二十萬人歸降。

拓跋沙漠汗在其父拓跋力微的默許下被各部酋長所殺，拓跋力微因此憂愁而死，拓跋力微另一子拓跋悉鹿繼位。

二七九年（咸寧五年）

十一月，晉武帝司馬炎依羊祜生前擬制的計劃，令鎮軍將軍司馬伷、安東將軍王渾、建威將軍王戎、平南將軍胡奮、鎮南大將軍杜預、龍驤將軍王濬、巴東監軍唐彬等分六路大舉伐吳。

二七六年（咸寧二年）

羊祜任征南大將軍、開府儀同三司。

二七七年（咸寧三年）

司馬炎詔封羊祜為南城侯，羊祜力辭。

二七八年（咸寧四年）

六月，羊徽瑜去世，謚號景獻皇后。十一月，羊祜在洛陽去世，臨終前上〈平吳策〉，推薦杜預。

二八〇年（咸寧六年）

西晉滅東吳，東吳末帝孫皓投降西晉，三國時代結束。

一〇九七年（紹聖四年）

宋朝因為前一年西夏入寇而進行軍事報復，使西夏元氣大傷。

第一次十字軍東征到達君士坦丁堡，數個月後佔領敘利亞首都安條克。

一一〇〇年（元符三年）

宋哲宗於正月病逝，向太后於同月立端王趙佶為帝，並垂簾聽。

英格蘭國王威廉二世在打獵中意外身亡，亨利一世繼承英格蘭國王。

一一〇一年（宋徽宗建中靖國元年）

遼道宗崩，耶律延禧奉遺詔即皇帝位於柩前，是為遼天祚帝。

二八〇年（咸寧六年）

晉武帝司馬炎詔令六路大軍攻吳，杜預包圍江陵，王濬率先攻破吳都建業。吳主孫皓舉國投降，天下重歸一統。

一一〇五年（崇寧四年）

宋徽宗將元祐年間反對王安石新法的三〇九人列為元祐奸黨，立碑於端禮門，而後又下令在全國刻碑立石，以示後世。

亨利五世迫使他的父親亨利四世退位，自己登基神聖羅馬皇帝。

嗨！有趣的故事

羊祜

責任編輯：苗　龍
裝幀設計：盧穎作
著　　者：薛　舟

出　　版：中華教育
香港北角英皇道 499 號北角工業大廈一樓 B
電　　話：(852) 2137 2338
傳　　真：(852) 2713 8202
電子郵件：info@chunghwabook.com.hk
網　　址：http://www.chunghwabook.com.hk

發　　行：香港聯合書刊物流有限公司
香港新界荃灣德士古道 220-248 號荃灣工業中心 16 樓
電　　話：(852) 2150 2100
傳　　真：(852) 2407 3062
電子郵件：info@suplogistics.com.hk

版　　次：2023 年 9 月第 1 版第 1 次印刷

規　　格：16 開（210mm × 148mm）
I S B N：978-988-8807-18-5

本書繁體中文版由中華書局授權出版